Humbert Fink
Begegnung mit Florenz

Für Ulrike und Gregor

Humbert Fink

Begegnung mit Florenz

Pinguin-Verlag, Innsbruck
Umschau-Verlag, Frankfurt/Main

Farbfotos von Michael Leischner

Schutzumschlag: Jochen Pabst, München
Farbreproduktion: Tiroler Repro, Innsbruck
Druck- und Bindarbeiten: Wiener Verlag, Himberg
Printed in Austria
ISBN 3-7016-2289-2

Inhaltsverzeichnis

Was ist Florenz?

Am frühen Morgen, wenn auf dem Piazzale Michelangelo die Andenkenverkäufer von ihren kleinen Buden und Ständen die grünen Plastiktücher lösen und den unvermeidlichen Devotionalienkitsch sorgfältig aufstapeln, wenn die morgendliche Wäsche des Platzes beendet, der städtische Spritzwagen gerade abgefahren ist und die Wasserlachen noch auf dem schwarzschimmernden Pflaster liegen, dann schält sich unten in der Tiefe des breiten Tals, durch das der Arno fließt, allmählich die Stadt aus dem Dunst. Im Hintergrund wird Fiesole sichtbar. Davor Brunelleschis Domkuppel, Santa Croce, der Turm des Palazzo Vecchio. Farben werden erkennbar, leuchten unter der rasch höhersteigenden Sonne auf. Ein rostiges Braun, ein Dunkelgrau, das wie gebrannter Lehm wirkt. Ein paar kupferfarbene Zwischentöne. Darüber das insistierende Blau des toskanischen Himmels. Die ersten Autobusse kommen und schütten ihre Menschenfracht aus. Die liebevolle und zugleich eifersüchtige Eroberung von Florenz durch die Touristen beginnt.

Weshalb sie in der Regel vom Piazzale Michelangelo aus unternommen wird, ist schwer zu sagen. Wahrscheinlich hat das mit der schönen Aussicht, mit dem unbehinderten Blick zu tun, den man von hier oben aus hat, obgleich es auch noch einige andere Plätze gibt, die einen wesentlich umfassenderen Ausblick auf Florenz erlauben. Der Platz selbst – unterhalb des Monte alle Croci gelegen, welcher ein steil ansteigender Hügel ist, an dessen linker Schulter sich seit vielen Jahrhunderten die Kirche und später auch die Festung und zuletzt der Friedhof von San Miniato eingenistet haben, während unten in der Tiefe, flankiert von den Lungarni, den Uferstraßen, der Arno als eine tiefe und verhältnismäßig breite Rinne die Stadt in zwei ungleiche Hälften teilt –, der Piazzale Michelangelo also ist eine Schöpfung jüngeren Datums und eigentlich für das Kennenlernen, für das Begreifen von Florenz ziemlich unwichtig. Er entstand in den Jahren zwischen 1864 und 1870 und war Teil jenes Regulierungsplans, der verwirklicht werden mußte, nachdem sich das junge Königreich Italien für eine neue Hauptstadt entschieden hatte. Die Wahl fiel dabei auf Florenz, das zu jener Zeit noch nicht über den engen und beengenden Mauerkreis seiner alten Fortifikationen hinausgewachsen war, an welchen unter anderen auch Machiavelli und Michelangelo als beamtete Urheber und Baumeister mitgearbeitet hatten. Man wollte und mußte daher die Stadt erweitern, schöner gestalten, ihr ein gleichsam welthaltiges und weiträumiges Ambiente verschaffen. Der dazu erforderliche Bebauungsplan hatte den seinerzeit bedeutenden Architekten Giuseppe Poggi zum Autor, der italienische Staat wiederum ließ einen Bronzeabguß des „David" von Michelangelo anfertigen. Poggi war verpflichtet, diesem Präsent, über dessen künstlerischen Wert man geteilter Meinung sein kann, einen dekorativen Rahmen zu schenken. Außerdem wurde damals auch die südliche Umfahrungs- und Panoramastraße fertiggestellt, der Viale dei Colli; und so entstand dieser weiträumige Platz oberhalb der Stadt, der offiziell zur Erinnerung an den 400. Geburtstag Michelangelos eingeweiht wurde.

Poggi freilich, der mit manchen Intrigen zu kämpfen hatte, um wenigstens einige wesentliche Aspekte seines Bebauungsplans verwirklichen zu können – einige Jahrhunderte zuvor war es Machiavelli ähnlich ergangen, der im Auftrag des Medicipapstes Klemens VII. und der florentinischen Regierung die alten Festungswälle der Stadt erneuern sollte –, Poggi also hatte weniger eine Ehrung Michelangelos im Sinne als eigentlich die Eingliederung von San Miniato, wie er das in einem Brief an einen Freund einmal ausführte. „Ich hatte mir vorgenommen, mit der südlichen Umgehungsstraße so nahe wie möglich an die Kirchen von San Miniato und des Monte alle Croci heranzugehen, da ich mich darüber ärgerte, daß diese wichtigen Baudenkmale noch nie durch einen Weg erschlossen worden waren . . ."

Übrigens wird nur wenigen Besuchern des Piazzale Michelangelo bekannt sein, daß sich an dieser Stelle einst ein kleines Landgut befand, das einem geistlichen Orden gehörte. Es bedurfte dann freilich nicht nur erheblicher Überredungskunst, sondern auch des Einsatzes bedeutender finanzieller Mittel, um den Patres von San Firenze die Abtretung einiger Grundstücke schmackhaft zu machen. Dann erst konnte die weitläufige Platzanlage des Piazzale Michelangelo errichtet werden.

Wirklich wichtig oder wesentlich in einem spirituellen Sinn für das Begreifen dessen, was man den florentinischen Mythos nennen könnte, ist der Piazzale Michelangelo allerdings nicht. Er ist eine hübsche Arabeske im Gesamtbild der Stadt. Er vermittelt zwar etwas von diesem leicht aufdringlichen Pathos, das solchen Aussichtspunkten stets eigentümlich ist, entspricht jedoch dem Charakter gerade dieser Stadt nicht im mindesten.

Da wäre anderes zu nennen, Beiläufigeres und Gewichtigeres, Abseitiges und Berühmtes. Die tunesischen Andenkenverkäufer unter den Kolonnaden der Uffizien. Die manchmal auf eine fast schon obszöne Weise zudringlichen Tauben auf der Piazza della Signoria. Die sich bedrohlich nach außen wölbenden Mauern der alten Paläste an der Piazza dei Peruzzi, nachts zum Beispiel, wenn die dünne Sichel des Mondes als wachsfarbenes Signal über den dunklen Silhouetten dieses fast mittelalterlich anmutenden Schauplatzes hängt und die Erinnerung wach wird an das Geschrei und die Kämpfe zwischen den aufragenden Geschlechtertürmen, die den kleinen Platz zwischen Santa Croce und Palazzo Vecchio einst bedrohlich umrundeten, während jetzt aus einer Osteria, die zwei Treppen tief unter der Erde eingerichtet ist, die Melodien florentinischer Volkslieder dringen, aus denen man unschwer einen Nachhall der streitbaren, blutigen Geschichte dieser Stadt heraushören kann. Und das Wohn- und Sterbehaus des unvergessenen Galileo Galilei oben in den Hügeln der Pian dei Giullari gegenüber von Arcetri mit seiner charakteristischen Kuppel des Observatoriums.

Galileis Haus ist das Denkmal einer menschlichen Tragödie, ein Ort, an dem Schicksal stattgefunden hat und den man erreicht, wenn man beispielsweise an einem frühen Herbstmorgen vom Piazzale Michelangelo den Viale Galileo Galilei benützt und dann, erstmals scharf nach links abbiegend, die Via Giramontino hinauffährt und dabei eine rotglühende Sonne vor

Augen hat, die wie ein Stier durch verfärbtes Weinlaub, schmale Zypressen und verfilztes Buschwerk bricht; wenn man dann noch einmal nach links abbiegt, also immer noch dieser enthemmten Sonne, die wie eine Blutorange über die Hügel rollt, entgegenfährt und die Via del Pian dei Giullari nimmt, die zuerst an einer hohen, dicken, schwarzbraunen Mauer vorbeiführt, dahinter sich in einem riesigen, teilweise verwilderten Garten ein verfallendes Kastell verbirgt, dann gerät man unversehens an einen Schauplatz, wie man ihn gelegentlich noch von alten Postkarten her kennt. Zarte, ungemein neckische Farben. Ein schönes Rostrot. Dazu verblaßtes Altrosa. Abblätterndes Gelb. Ein sanftes Braun. Ein verhuschtes Blau. Die Fassaden der Häuser, die sich nun ganz dicht an die Straße drängen, sie zum schmalen Pfad machen, sind wie eine Bühnendekoration für eine galante Komödie aus dem Rokoko. Dazwischen das überraschend hellfarbene, fast giftige Grün von Bäumen, deren Stämme man nicht sieht. Weinlaub, herbstlich verfärbt, hängt über wachsgelbe Mauern. Im Garten der Villa Galileo Galilei dann ein rostendes Autowrack. Unter einer Gedenktafel, die das Leben und Sterben dieses Mannes erzählt, türmt sich Schutt.

Hier starb Galileo Galilei in der Nacht des 8. Jänner 1642. Angeblich soll er, den Papst Urban VIII. – der dem Drängen der Inquisition und eifersüchtiger Neider und vor allem seinem eigenen Zorn allzu willfährig nachgegeben hatte – fast vernichtet und den die florentinische Kirche zu völliger Einsamkeit verdammt hatte, angeblich soll Galilei in seiner Todesstunde noch erklärt haben, daß er der Kirche stets den ihr gebührenden Respekt erwiesen und immer nach seinem Gewissen gehandelt habe. Evangelista Toricelli und Vincenzo Viviani, zwei seiner treuesten Schüler, die ihn bis zu seinem einsamen Tod gepflegt haben, waren Augen- und Ohrenzeugen dieses Bekenntnisses eines Mannes, der die Wahrheit verleugnen mußte, um sein Leben zu retten. Und dem man nicht nachtragen sollte, daß er, der gemeinsam mit seinem großen Zeitgenossen Francis Bacon die Unabhängigkeit von Naturerscheinungen von menschlichen Wünschen zum wissenschaftlichen Postulat erhoben hatte, daß er aus Furcht vor der drohenden Folter jenes berüchtigte Dokument unterschrieb, in welchem er seine Lehre und damit sein ganzes Leben verleugnete.

Galilei, geboren 1564 in Pisa, war Abkömmling einer Florentiner Patrizierfamilie. In Padua, wo er an der hochberühmten Universität lehrte, war er glücklich. 1610 wurde er Hofmathematiker des Großherzogs der Toskana. Aber in Florenz war es auch, wo ihn der Dominikaner Tommaso Caccini in einer Predigt zu Santa Maria Novella erstmals verdammte und seine Erfindungen als „Ausgeburt satanischer Phantasie" bezeichnete. 1615 ging Galilei nach Rom, um den gegen ihn gerichteten Intrigen ein Ende zu bereiten. Das Ergebnis dieses Versuchs ist bekannt und erschütternd.

Übrigens befindet sich schräg gegenüber der ehemaligen Villa Galileis der Eingang zu der hinter Bäumen, Buschwerk und wucherndem Pflanzenwuchs verborgenen Villa Savonarola. Auch das mag man als winziges, jedoch nicht unwichtiges Indiz dafür nehmen, worauf man sich in Florenz gefaßt machen muß, wenn man den Charakter dieser Stadt begreifen und ihre Widersprüche verstehen will.

Noch einmal Piazzale Michelangelo: Da stehen diese Kandelaber, schwarze Stangen mit altmodischen und nur auf den ersten Blick hübschen Lampen, während der Sockel, auf dem sie sich erheben, einem Gruselkabinett dekorativen Kitsches alle Ehre machen würde. Schwäne und Drachen und Löwen, Gedrechseltes und Gedrehtes, bizarre Ornamente und im Ansatz kastrierte Figuren ergeben ein Bild von so kompletter Widersprüchlichkeit und so graziöser Häßlichkeit, daß man davor die Augen schließt. Auch das ist Florenz. Und man entgeht diesen Kandelabern, die als ein Akt der Rache am guten Geschmack die ganze Stadt durchziehen und beherrschen, so wenig wie vielen anderen Unstimmigkeiten und rätselhaften Dingen.

Was ist eigentlich Florenz? Eine männliche Stadt, wie das die amerikanische Publizistin Mary McCarthy empfand? Oder „eine in sich vollständige Stadt, welche ihre Künste und ihre Bauten hat, belebt und nicht zu bevölkert, eine Hauptstadt und nicht zu groß, und schön und freundlich", wie das Hippolyte Taine 1864 eher verharmlosend notierte? Eine hochmütige Stadt, wie manche meinen? Oder eine, der Savonarola einst mit Recht vorwerfen durfte, daß sie sich an Ausschweifungen verströme, erschlafft und ohne jede sittliche Ordnung? Florenz ist derzeit kaum regierbar, was freilich, wenn man sich die politische Situation vergangener Jahrhunderte in Erinnerung ruft, eher die Regel als die Ausnahme ist. Florenz ist aber auch dann, wenn man seine gegenwärtige politische Struktur einmal vergißt – ein kommunistischer Bürgermeister kämpft mit christlich-sozialen und liberalen Stadtvätern um die Verwirklichung mancher brauchbarer und mancher abstruser Idee –, für den kunstinteressierten und geschichtsbewußten Besucher nur schwer durchschaubar. „In einer solchen Stadt geht man während der ersten Tage ohne jede Absicht umher", schrieb schon Taine. „Denn wie soll man in diesem Durcheinander von Werken und Jahrhunderten sofort einen klaren Gedanken fassen?"

Das ist das Problem, mit dem jeder zu tun hat, der erstmals nach Florenz kommt. Was ist typisch florentinisch? Das Taufbecken Dantes im Dommuseum? Das Wohnhaus Michelangelos in der Via Ghibellina, das Michelangelo zwar gekauft, aber niemals bewohnt, sondern seinem Neffen Leonardo zum Geschenk gemacht hat? Oder das leere Grabmal Dantes in Santa Croce, das man mit gebührendem Respekt betrachtet, während vorne am Altar ein Priester ausgerechnet am Allerseelentag kategorisch fordert, daß die katholische Kirche wieder militant werden, sich wieder Himmel und Erde untertan machen müsse? Oder vielleicht die erschreckenden und zugleich beeindruckenden Exponate im Palazzo Castellani an der Piazza dei Giudici gleich hinter den Uffizien, wo das 1930 eingerichtete Nationalmuseum für die Geschichte der experimentellen Naturwissenschaften seine tatsächlich einmaligen Sammlungen zur Schau stellt? Man kann hier neben Rechenmaschinen und mechanischen Schreibapparaten aus dem 18. Jahrhundert oder dem ersten Sprechapparat Thomas Edisons auch einiges von den technisch-naturwissenschaftlichen Hinterlassenschaften Galileis und zudem den Mittelfinger seiner rechten Hand bestaunen oder jene Mikroskope, Fernrohre und Linsen betrachten, die am Anfang allen technischen Fortschritts standen und zum Teil noch aus mediceischem Besitz stammen. Zahlreiche ärztliche Instrumente aus vergangenen Jahrhunderten verursachen ein wohliges Gruseln, in das sich die Erleichterung darüber mischt, daß auch auf dem Gebiet der Medizin und vor allem der Chirurgie heutzutage doch enorme Fortschritte zu erkennen sind . . . Und die ganze Zeit, während man durch diesen düsteren, weitläufigen und mit obskuren wie auch mit bewundernswerten Apparaturen randvoll gefüllten Palazzo Castellani streift, ist man mit der Frage konfrontiert, ob das alles also auch ein Teil der legendären Kunststadt Florenz, auch eine Ursache dafür sei, daß man dieser Stadt wie einem Mythos oder wie einem magischen Zauber begegnen müsse.

Eine befriedigende Antwort darauf wird es kaum geben. Wer zum Beispiel, wenn er gerade ebenso beeindruckt wie erschöpft den Palazzo Castellani verläßt und jetzt etwas unschlüssig auf der kleinen Piazza dei Giudici überlegt, ob er in eine Kaffeebar oder in eine Weinhandlung flüchten soll, um sich einer dringend benötigten Stärkung hinzugeben . . . wer also macht sich in diesem Augenblick Gedanken darüber, daß er an jener Stelle steht, wo einst der römische Hafen gelegen ist? Tatsächlich befand sich der sogenannte Stadthafen von Florenz ziemlich genau im Umfeld der Uffizien und des Palazzo Castellani; und als man hier um die Jahrhundertwende (1902) ein Denkmal errichtete, stieß man bei Grabungsarbeiten auf dickes Mauerwerk, das in den Tagen der Römer die Uferverbauungen des Hafens absicherte.

Man begibt sich also in Florenz stets von neuem auf schwankenden Boden. Nichts ist wirklich gewiß. Irgendwelche Sicherheiten gibt es nicht. Alles wird in Frage gestellt. Und nur empfindungsarme Dummköpfe können in dieser Stadt davon ausgehen, daß sie sich in einem einzigartigen, riesigen Museum befinden, darin alle Dinge an ihrem richtigen Platz sind und ihre Ordnung haben.

Ist Florenz, dieser Prototyp einer alten europäischen Kunstmetropole, überhaupt mit einer Großstadt modernen Zuschnitts vergleichbar? Annähernd eine halbe Million Menschen lebt heute in diesem tiefen und breiten Becken, das im Norden und Osten von den letzten Ausläufern des Apennin umschlossen wird, im Süden und Westen hingegen von unregelmäßig geformten Hügeln, auf denen einige der vollmundigsten und, zumindest vom Geschmack her, schärfsten Weinsorten des alten Kontinents gedeihen. Und wenn man von Fiesole oder vom Bellosguardo oder auch vom Monte alle Croci aus an einem klaren Herbsttag oder an einem bitterkalten Wintertag rundum blickt, wenn der vom Apennin herabsausende Tramontana den Himmel leergefegt hat und alle Konturen wie mit einem Messer von ihrem Hintergrund abhebt, dann sieht man vor allem diese dikken, farbigen Zungen der Landschaft, die tief in die Stadt vordringen, erkennt man die rollenden Hügel als eine Herausforderung der Natur an die Stadt oder auch als liebevolle, jedoch strenge Umarmung, begreift man also angesichts eines Panoramas, das völlig neue Perspektiven eröffnet, daß die althergebrachte und schöne Meinung von dieser Stadt als einer Kunstmetropole nicht die ganze Wahrheit sein kann.

Ich habe zum Beispiel einen Blick in Erinnerung, der zu den schönsten und überraschendsten gehört, denen man im Weichbild der Stadt teilhaftig werden kann. Ich war eines Tages von der ehemaligen Villa Galileis weitergefahren in Richtung Süden, durch enge, mauernbewehrte Gassen, vorbei an alten, prachtvoll restaurierten Landhäusern, an Villen und kleinen Kastellen aus dem Seicento, Settecento, als sich hier in den Hügeln der florentinische Adel sein sommerliches Refugium einrichtete. Und irgendwie, irgendwann – ich erinnere mich nur, daß ich die lange, etwas gewundene Via Benedetto Forini abwärts gefahren war, völlig hingegeben dem Rhythmus dieser Landschaft, die nichts Gewalttätiges, aber dafür etwas ungemein Suggestives besitzt – eröffnete sich mir nach einer Wegbiegung ein überraschendes Bild von Florenz. Es war eine Ansicht, wie ich sie bis dahin noch nicht gesehen hatte. Brunelleschis schwebende Kuppel war gerade noch erkennbar. Wie ein dicker, rötlichbrauner und unendlich anmutiger Ballon hing sie einem laub- und efeubekränzten Hügel von der rechten Schulter. Dahinter der leere Himmel. Das Ziegelrote und Ockerfarbene der Stadt – soweit sie, die jetzt einer entzweigeschnittenen Frucht glich, zu sehen war – glänzte heftig unter der Sonne, die sich hinter dem Hügel verbarg. Und das alles war von Zweigen, Gräsern und Büschen dekoriert, wirkte wie umrahmt von einer Natur, die sich hier ganz nahe an die Stadt herangearbeitet hatte, nunmehr bereit, sie endgültig einzuschließen und zu erobern. Denn nach wenigen Augenblicken schon erreichte ich den Lungarno, fuhr ich über den Ponte San Niccolò ins Zentrum hinein.

Solche Bilder, solche Augenblicke vertiefen eine Erfahrung, die man nur bei wenigen Städten dieser Größenordnung haben kann. Florenz ist auch eine Symbiose von kunstvoller Prachtentfaltung, luxuriöser Dekoration und den unveränderlichen Elementen der Natur, der formenden Kraft einer Landschaft, deren strenger, etwas melancholischer Charakter einen schönen Kontrast zu den Kunstwerken der Stadt bildet und sie dadurch zur malerischen Geltung bringt.

Noch einmal Piazzale Michelangelo. Zu Recht gerühmt wird hier der Ausblick auf den Arno, auf die Brücken, die ihn überqueren. Manchmal, vor allem gegen Abend, wenn die Farben weicher und die Schatten länger werden, taucht der Ponte Vecchio als ruhiges Spiegelbild im Wasser des Flusses auf. Ein Schimmer rostfarbener Glut umgibt ihn dann, etwas Schmelzendes und Hingebungsvolles, das durch die zahllosen kleinen Pünktchen der gerade erst entzündeten Kandelaber noch verstärkt wird. Und niemand, der dieses Bild genießt, mag sich in einem solchen Augenblick vorstellen, daß der friedliche Fluß, dessen stumpffarbenes Wasser geduldig die kaum spürbare Last eines bezaubernden Spiegelbildes trägt, mehrmals schon auf dramatische Weise angeschwollen, über die Ufer getreten und als grausame, vernichtende Heimsuchung über die wehrlose

Stadt hergefallen ist, sie peinigend und an den scheinbar unzerstörbaren Grundlagen ihrer Existenz rüttelnd. Man betrachte bloß einmal die Hochwassermarken (von 1333 und aus den sechziger Jahren unseres Jahrhunderts), die an einigen Häusern im Zentrum angebracht sind – so etwa an der Piazza Santa Croce –, um eine Vorstellung davon zu haben, welche verheerenden Auswirkungen diese Überschwemmungskatastrophen gehabt haben.

Auch das gehört zum Doppelbödigen und Unheimlichen dieser Stadt, das man so gern übersieht, wenn man sich von ihrem Zauber gefangennehmen läßt. Zuweilen freilich, wenn ich den zudringlichen, fast bösartigen Tauben auf der Piazza della Signoria zusah, wie sie den hilflosen Touristen die Sandwiches vom Teller pickten oder mit scharfen Schnabelhieben gegen die Kaffeetassen trommelten oder als aufrauschender, zorniger Schwarm dicht über die Köpfe hinwegstoben, zuweilen überkam mich ein sonderbares Gefühl. Diese Tauben, dachte ich dann, verkörpern etwas, das auch mit Florenz zu tun hat. In ihrer tierischen Unschuld verraten sie eine Rücksichtslosigkeit, die ein Teil des florentinischen Charakters ist. Und eine Grausamkeit, die wir uns nicht vorzustellen vermögen, weil wir hartnäkkig an ein anderes, schöneres, idealistischeres Bild glauben.

Wenn Geschichte zum Erlebnis wird

Was gibt es Berührenderes, als an einem frühen Morgen, wenn die Sonne noch nicht den ganzen Himmel erfaßt hat, in Florenz aufzuwachen und im geöffneten Hotelfenster die Silhouette von Santa Croce zu erkennen, eine Federzeichnung vor dem noch stumpffarbenen Himmel, eine mahnende Metapher, ein Hinweis auf kommende Abenteuer. Und in der Tiefe des Lichthofes gurren Tauben. Und ein erster zaghafter Windstoß bewegt die hellbraunen Zweige eines Baumes, der von rechts in dieses Bild hineinragt, dessen Wirksamkeit in dem Augenblick erlischt, wenn vom nahen Turm her, der wie ein enthäuteter Baumstamm in die Höhe ragt, ein Glockenschlag die Stille sprengt.

Immer wieder fallen einem in Florenz die sonderbarsten Dinge ein. Jene halsbrecherischen Flugübungen zum Beispiel, die Leonardo da Vinci am Monte Ceceri unterhalb Fiesoles unternommen hat, wenn er sich nach langem Anlauf für ein paar Augenblicke erhob und doch das Gewicht des Fluggeräts, das er sich über die Schultern geschnallt hatte, nicht abzuschütteln vermochte. Oder das Hämmern und Aufschlagen der Steine, die der florentinische Mob 1527 gegen den Palazzo Vecchio schleuderte, darin man noch zwei verhaßte Medici-Bastarde der Tyrannen vermutete, die man jetzt, da wieder einmal die Revolution ausgebrochen war, in ihren Schlupflöchern aufstöberte; aber alles, was man tatsächlich erreichte, war ein abgebrochener Arm des „David" von Michelangelo, den ein für die Medici gedachter Stein getroffen hatte. Oder das fast majestätische Bild, das jenes weiße Landhaus bietet, das einem der berühmtesten Modeschöpfer Italiens gehört und an dem man vorbeikommt – dabei den Blick eigentlich unentwegt auf Florenz gerichtet, das stattlich und herausfordernd unten in der Mulde liegt –, während man von Fiesole oder dem Monte Ceceri herab der Stadt zustrebt und sie dann freilich erst nach stundenlanger Verzögerung erreicht, weil man im Garten eines

Landgasthauses hängenbleibt, umkränzt von Weinlaub, durch das die Sonne flirrt, und den Geschmack des „Novembrino", des jungen Chianti, schwer und nachdrücklich auf der Zunge.

Vor Jahren einmal führte mich ein Filmregisseur auf den Ponte Vecchio und befahl mir, mich vor jener kleinen Statue aufzustellen, die in der Mitte der Brücke an Benvenuto Cellini erinnert. Ich sollte, erklärte der Regisseur, in die auf mich gerichtete Kamera blicken und dann, langsam den Kopf wendend, einige Erklärungen über den Ponte Vecchio und das Denkmal abgeben. Es wurde eine Szene von anstrengender Komik. Denn immer, wenn ich erklären wollte – und dabei meinen Kopf wie ein Schlangenmensch verdrehte –, daß diese Statue im Jahre 1902 von den Florentiner Goldschmieden gestiftet worden und ihr Schöpfer ein gewisser Raffaello Romanelli gewesen sei, unterbrach mich der Regisseur mit entsetztem Blick. Cellini, rief er aufgeregt, ich müsse sagen, daß dieser Mann auf dem Denkmal Cellini sei. Und irgendwann klärte sich die lächerliche Situation auf, nachdem mich der Regisseur belehrt hatte, daß niemand daran interessiert sei, wer diese kleine Statue gestiftet oder geschaffen habe, sondern wen sie darstelle.

Aus solchen Mißverständnissen entsteht dann ein Porträt, das aus Wahrheit, Lügen, Aberglauben, Unwissenheit besteht. Und dessen einzige Aufgabe es zu sein scheint, den Leuten Geschichten zu erzählen, die möglichst amüsant, aber nicht sonderlich wahrheitsgetreu sein müssen. Im übrigen haben seinerzeit die florentinischen Goldschmiede schon gewußt, weshalb sie ihrem großen Ahnherrn Cellini gerade auf dem Ponte Vecchio ein Denkmal stifteten. Denn diese älteste Brücke von Florenz – die bereits in römischer Zeit existierte und damals eine Fortsetzung der Via Cassia war, welche die römische Ansiedlung durchquerte – wurde erst am 24. September 1593 durch ein Dekret des Großherzogs Ferdinand I. zum offiziellen Sitz der florentinischen Gold- und Silberschmiede und der Edelsteinhändler. Zuvor hatte sie, deren erste dokumentarische Erwähnung auf das Jahr 872 fällt und die in späteren Jahrhunderten mehrfach durch Hochwasser zerstört worden war, in der Hauptsache Schmieden, Gewürzhändlern, Fleischern und anderen profanen Gewerben als Stützpunkt gedient, denn seit dem 13. Jahrhundert war die Vermietung hölzerner Buden – und zwischendurch auch die Einhebung eines Brückenzolls – eine recht ergiebige Einnahmsquelle für die Stadt gewesen. Im Jahre 1345 wurde der Ponte Vecchio – der seit dem Jahre 1218 diesen Namen trägt, da damals etwas flußabwärts der Ponte alla Carraia errichtet und sogleich „ponte nuovo" genannt wurde – gründlich renoviert, wobei ein Schüler Giottos, nämlich Gaddi, das Modell schuf und auch jene achtundvierzig Läden einplante – vierundzwanzig auf jeder Seite –, die der Brücke ihre charakteristische Silhouette schenken. 1495, als die finanzielle Situation der von Unruhen heimgesuchten Stadt wieder einmal katastrophal war, wurden diese bis dahin nur vermieteten Läden an die Handwerker und Geschäftsleute verkauft. Später, nachdem die Goldschmiede von der Brücke Besitz ergriffen hatten, wurden die bis dahin eher bescheidenen Verkaufsbuden ausgebaut und vor allem in die Höhe getrieben, um Wohnraum zu schaffen. 1944, als die Deutschen Florenz räumen mußten, soll übrigens Hitler – nach einer anderen Darstellung Marschall Kesselring – die Sprengung aller Arnobrücken befohlen haben. Aber der damals amtierende deutsche Konsul in Florenz, Gerhard Wolf, wußte zumindest die Zerstörung des Ponte Vecchio zu verhindern. Die dankbaren Florentiner machten ihn dafür später zum Ehrenbürger ihrer Stadt.

Man sollte langsam über den Ponte Vecchio gehen, gelegentlich innehaltend, ganz dem Instinkt für das Wirken des Vergangenen hingegeben und sich erinnernd, was an Geschichtlichem sich in dieser Stadt herangebildet hat und wieder zurückgefallen ist an die unablässig enteilende Zeit. Etruskische Ansiedler wird man sich einbilden – es gibt zwar keinen unanfechtbaren Beweis dafür, aber die Vermutung liegt nahe, daß damals bereits eine Holzbrücke den Arno überquerte, und zwar auch an dieser Stelle, wo die uralte Etruskerstraße von Volterra und Populonia herauf nach Fiesole und später die Via Cassia Florenz durchquerten –, aber auch den Marschtritt römischer Legionäre und das schleifende Geräusch der Sandalen römischer Kolonisten und Bürger, die unterwegs waren zum ersten Opfertempel der noch jungen Ansiedlung, deren kultisches Zentrum an jener Stelle lag, wo sich heute die Piazza della Repubblica befindet. Florentia hieß der Ort damals. Seine erste Blüte mögen wir uns in der hadrianischen und mehr noch in der diokletianischen Zeit vorstellen. Und immer war da schon diese Brücke, über die das Leben flutete. Eilkuriere aus Rom. Kleine Handelskarawanen. Sänftentragende Sklaven. Bauern aus der Umgebung. Und Soldaten. Sie unaufhörlich, zu allen Zeiten und aus jedem Anlaß.

Vorstellbar ist auch, daß die Gesandten Attilas, der um 450 über den Apennin gekommen war und dessen Reiter jetzt das umliegende Land verwüsteten, über diese Brücke in die Stadt kamen, um des hunnischen Königs falsche Friedensbotschaft den leichtgläubigen Senatoren zu unterbreiten. „Die schlecht beratenen Florentiner", schrieb neunhundert Jahre später der Historiker Giovanni Villani, „glaubten Attilas falschen Schmeicheleien und leeren Versprechungen. Sie öffneten ihm ihre Tore, ließen ihn und seine Männer ein und brachten ihn auf dem Forum unter." Die Zerstörung der Stadt geschah dann am 28. Juni 450. Mehr als 20.000 Menschen sollen dabei ums Leben gekommen sein. Die Leichen der Erschlagenen sollen in den Abwassergraben geworfen worden sein, der vom Forum zum Arno führte.

So steht es zumindest in den alten florentinischen Chroniken. Allerdings fiel Attila erst im Jahre 452 in Italien ein. Und ein Jahr später starb er im Gebiet des heutigen Ungarn. Andererseits haben archäologische Grabungen ergeben, daß an jenen Orten, an welchen den Chroniken zufolge die Hunnen besonders grausam gewütet haben sollen, tatsächlich Brandspuren vorhanden waren. Auch eine Reihe von Gräbern mit den Skeletten Erschlagener wurde gefunden.

Um die Mitte des 6. Jahrhunderts sollen dann die Ostgoten Florenz belagert haben; und zugleich auch das in den Hügeln stark befestigte Fiesole. Wahrscheinlich haben die viele Jahre lang andauernden Kämpfe zwischen Byzanz und den Ostgoten auch hier wie im übrigen Italien schwere Schäden verursacht. Andreas Grote schreibt in seiner umfassenden Darstellung der Ereignisse in jener Zeit, daß Florenz damals kaum mehr als ein Trümmerhaufen gewesen sei, zusammengeschmolzen auf die Hälfte jener Größe, welche einst die römische Ansiedlung erreicht gehabt habe.

Und der Ponte Vecchio? Zweifellos gab es eine Vorgängerin der heutigen Brücke. Karl den Großen, der zweimal Florenz aufsuchte, dürfen wir uns vorstellen, wie er mit großem Gefolge diese Brücke überquerte, bereit, der Stadt wichtige Privilegien zu gewähren, welche ihre bis dahin eher bescheidene materielle Existenz erheblich verbessern sollten. Und denkbar ist auch, daß er eines Tages, jetzt schon von florentinischen Bürgern und Priestern begleitet, die Brücke benützte, um hinauf auf den Monte alle Croci zu gelangen, wo er jenes hügelige, wild überwachsene und doch die Stadt beherrschende Gelände in Augenschein nahm, darauf nach seinem Wunsch San Miniato al Monte gegründet werden sollte.

Nun ist San Miniato – wie der Ponte Vecchio, der Dom oder die Piazza della Signoria mit dem Palazzo Vecchio oder der monumentale Palazzo Pitti oder die Uffizien oder Santa Croce – eines der unverkennbaren Wahrzeichen der Stadt. Aber im Gegensatz zu den anderen Bauwerken ist seine Geschichte nur in Bruchstücken nachzuerzählen, zumindest was die Anfänge angeht. Die Erwähnung einer Kirche auf jener sanft abfallenden Plattform, die sich oberhalb des Piazzale Michelangelo befindet, zur Zeit Karls des Großen ist jedenfalls dokumentarisch nachweisbar. Zuvor schon soll es in den Hügeln des Monte alle Croci immer eine Stätte des christlichen Kultes gegeben haben. Manche Quellen behaupten, daß hier überhaupt die erste florentinische Kirche gestanden habe; und nennen das 3., spätestens das frühe 4. Jahrhundert als Datum einer frühchristlichen Kirchengründung inmitten dieser idyllischen Landschaft, die damals freilich weit außerhalb der Mauern von Florenz lag, eher mühsam und erst nach steilem Anstieg erreichbar, was nun freilich wieder gegen die Möglichkeit spricht, daß ausgerechnet hier draußen, hoch oberhalb des Arno und schon tief in den blühenden, üppigen Dschungeln Tusziens – wie man damals die Toskana nannte –, die ersten florentinischen Christen ihr Zentrum gehabt haben sollen.

Andererseits findet sich bei den meisten Autoren, die sich auf mittelalterliche Quellen berufen, die übereinstimmende Feststellung, daß auf dem Monte alle Croci seit dem 3. Jahrhundert ununterbrochen eine christliche Kirche gestanden habe.

Als gesichertes Datum kann man, was San Miniato al Monte angeht, zuerst einmal das Jahr 250 nennen. Damals ließ der römische Kaiser Decius den Christen Minias enthaupten, allerdings an einem Ort, der unten in der Stadt gelegen war, wohl in der Nähe der heutigen Piazza Beccaria, und wo lange Jahrhunderte ein Gedenkkreuz und später eine kleine Kirche an das Martyrium des Heiligen erinnerten. In diesem Zusammenhang muß man vielleicht auch erwähnen, daß das frühe Christentum hauptsächlich von griechischen und syrischen Händlern an das römische Florentia vermittelt wurde. Stumme Zeugen dafür sind Grabsteine mit griechischen Inschriften, die man heute noch in der Kirche von Santa Felicità am Brückenkopf des Ponte Vecchio unterhalb des Hügels von Belvedere besichtigen kann; einige solcher Grabsteine finden sich auch im Innenhof des Palazzo Vecchio.

Was den heiligen Minias angeht, so scheint er, „ein Mensch höchster Frömmigkeit", einer jener populären Männer gewesen zu sein, die sich bei den Florentinern stets außerordentlicher Beliebtheit erfreuen konnten. Mittelalterliches Legendengut schmückt sein Leben und seinen Tod auf recht anschauliche Weise aus. So soll sich sein Körper, als ihm das Haupt bereits abgeschlagen war, plötzlich erhoben und die Hände nach dem blutüberströmten Schädel gegriffen haben; der Leichnam, begleitet von Engeln, sei dann zu den Hügeln jenseits des Arno emporgestiegen . . .

Unbestreitbar ist, daß unter dem Altar in der Krypta von San Miniato die Gebeine von acht Frauen und Männern bestattet sind, die während der Christenverfolgung im Jahre 250 ihres Glaubens wegen getötet wurden. Daß sich darunter auch die sterblichen Überreste dieses Minias befinden, darf respektvoll angenommen werden.

Unbestreitbar ist auch, daß die Kirche oben in den Hügeln im Jahre 971 einer Nonne namens Hermengard geschenkt wurde und daß man hier rund ein halbes Jahrhundert später eine cluniazensische Benediktinerabtei gründete und dabei die Gebeine des inzwischen heiliggesprochenen Minias in der dafür errichteten Krypta feierlich beisetzte. Es war ein Bischof namens Hildebrand, der die Cluniazenser nach Florenz gebracht hatte und der sich im übrigen außerordentliche Verdienste um die Renovierung der bereits existierenden Kirche von San Miniato erwarb, was nichts daran änderte, daß er sich, der rechtmäßig verheiratet war, des öfteren von der Öffentlichkeit nachsagen lassen mußte, kein sonderlich ehrbares und beispielhaftes Leben zu führen. Hildebrand scheint kein frommer, hingegen ein recht umsichtiger, tüchtiger Mann gewesen zu sein.

Was die Kirche von San Miniato angeht, so erinnert eine Jahreszahl, die im Fußboden des Mittelschiffes nachzulesen ist, an ihre endgültige Fertigstellung. Es ist das Jahr 1207. Rund hundert Jahre später wird der machtvolle Bischofspalast in ihrer unmittelbaren Nachbarschaft errichtet. 1373 übergeben dann die Cluniazenser Kloster und Kirche den Olivetanern. In der Renaissance wird das Aussehen der Kirche erheblich verändert. 1495 stürzt der berühmte Campanile in sich zusammen; seine Wiedererrichtung stößt durch die Ereignisse in den nachfolgenden Jahrzehnten auf erhebliche Schwierigkeiten. San Miniato wird zur wichtigen Schlüsselstellung der florentinischen Befestigungen; und es ist Michelangelo, der die Überreste des Glokkenturms mit Matratzen verkleiden läßt, um ihn dadurch vor den Kanonenschüssen feindlicher Artillerie zu schützen. Mitte des 16. Jahrhunderts wird San Miniato endgültig zur Festung ausgebaut. Im 17. Jahrhundert wandelt man die Kirche in ein Hospital für Pestkranke um; später macht man daraus sogar ein Asyl für Obdachlose. 1854 wird der Friedhof angelegt. Und seit der Mitte des 19. Jahrhunderts wird auch die Kirche selbst wieder umfassend restauriert und ihrer ursprünglichen Bedeutung zurückgegeben.

San Miniato ist, wenn man es für den Kunstfreund charakterisieren soll, zweifellos das schönste romanische Bauwerk von Florenz, dem berühmteren Baptisterium in architektonischer Ausdruckskraft zumindest ebenbürtig und ihm bei weitem überlegen, was das Spirituelle angeht, die Herausforderung an den Menschen, sich einer kontemplativen Versenkung an das Mysterium des Glaubens hinzugeben. San Miniato darf überdies den Vorzug für sich beanspruchen, noch nicht von den Abgasen des Autoverkehrs eingeschwärzt und verunstaltet worden zu sein, so daß allein schon die strenge geometrische Gliederung seiner Marmorfassade mit den weiß-grünen Mustern ungleich besser zur Geltung kommt als jene des Baptisteriums unten im Zentrum der Stadt. Mich persönlich beeindruckt stets am nachhaltigsten der kostbare Kreuzaltar im Mittelschiff, geschaffen 1448 von Michelozzo als Erinnerung an den ermordeten Piero de'Medici, welcher anläßlich der berüchtigten Pazzi-Verschwörung im Dom von den Dolchen gedungener Meuchelmörder tödlich verwundet worden war. Dieser Altar, den auch noch eine Reliquienbüste des heiligen Minias in vergoldetem Holz schmückt, verbindet Religion und Geschichte auf bemerkenswerte Weise.

Man wird, während man dem Widerhall frommer Legenden nachsinnt, zugleich an jene heftigen Erschütterungen erinnert, die Florenz immer wieder getroffen haben. Und erstaunt wird man wieder einmal des Widerspruchs gewahr, den diese Stadt bewältigen muß. Ein Höchstmaß an schöpferischer Gestaltungskraft ist hier in ein Pandämonium menschlichen Ehrgeizes und menschlicher Niedertracht eingebunden. Aber während man die Namen von skrupellosen Politikern, eitlen Intriganten und gefährlichen Desperados erst mühsam in den Chroniken nachschlagen muß, um sich ihrer Taten zu entsinnen, bewegen jene Kunstwerke, die in ihrem Auftrag oder durch ihre Vermittlung entstanden sind, über die Jahrhunderte hinweg unser Gemüt.

Und wir fragen schon längst nicht mehr nach den Ursachen dafür, daß wir gerade in dieser Stadt das Wesen aller Kunst besser begreifen, ihre Wirkung auf die Seele genauer verstehen, als wir das sonst an einem rühmenswerten und seiner Geschichte wegen bedeutsamen Ort zu tun vermöchten.

Einmal, es war an einem frühen Herbstmorgen, ich war die breite Freitreppe emporgestiegen, die zur Plattform vor der Kirche und dem dunkelbraunen Bischofspalast führt, eine Treppe, die mit ihrer pompösen, aufdringlichen Architektur die Kirche eher denunziert als unterstützt, und oben im alten bischöflichen Palast hatte sich ein Fenster geöffnet und ein alter Priester im Unterhemd blickte mir mißtrauisch entgegen, bevor er fröstelnd und mit abweisender Geste das Fenster wieder schloß, während unten in der Tiefe des Tals die Stadt zu leuchten begann, sich mir wieder dieses Bild bot, das man nie mehr vergißt, wenn man von einem der Hügel oberhalb der Stadt dieses morgendlich frische, reine, in scheinbar neuem Glanz erstrahlende Florenz erblickt hat . . . einmal notierte ich mir, daß San Miniato eine großartige Metapher sei für das Überleben des Menschen in schlimmer Zeit. Und daß dieses beispielhafte Gesamtkunstwerk mit seinen zahllosen Details, mit seinen Fresken, Grabkapellen, Kruzifixen, Bildern und Geschichten die Seele oder das Gemüt zugleich unendlich belaste und zugleich auch erleichtere. Weil jedes dieser Details für sich ein Beweis dafür ist, daß eines Menschen Spur nicht unterzugehen braucht, wenn ihn der Atem des Schöpferischen streift. Weil hier dieses so oft mißbrauchte Wort gleichsam Gestalt geworden ist, daß die Kunst es sei, die alles Flüchtige bannt und unser mühsames, meist vergebliches Streben nach Vollkommenheit adelt. Es war, ich gestehe es zögernd ein, so etwas wie ein erhabener Augenblick. Unten die Stadt in ihrer morgendlichen Vollkommenheit. Ein paar Schritte über mir die Kirche von San Miniato mit ihrer eindrucksvollen Fassade. Und rings um mich die stillen, ernsten Grabmonumente des Friedhofs, der die Treppe und damit den Aufstieg zur Kirche als bedenkenswertes Memento mori flankiert. In solchen Situationen vermeint man, dem Geheimnis der Schöpfung auf

Ponte Vecchio, Detail

der Spur zu sein. Und man fühlt sich seltsam geborgen, als wäre alles Böse und Widerspruchsvolle gegenstandslos geworden.

Der Ponte Vecchio und San Miniato. Zwei nachdrückliche Gesten. Zwei Möglichkeiten, Florenz möglichst nahe zu kommen; es für sich persönlich als etwas zu entdecken, das beispielhaften Charakter hat. Daran ändert auch nichts, daß man in der Kirche oben in den Hügeln gelegentlich eine Messe erleben wird, bei der die Zahl der teilnehmenden Priester größer ist als jene der Gläubigen. Florenz ist keine sehr fromme Stadt, war es eigentlich nie, weil man hier stets zu sehr mit politischem Machtanspruch und finanziellen Transaktionen beschäftigt gewesen ist, weil in Florenz selbst die Religion immer nur als ein Anlaß zur politischen Aktion begriffen worden ist, was nicht nur durch das ebenso berühmte wie tragische Bild Savonarolas bestätigt wird.

Aber das hat dann schon wieder mit den hartnäckigen Widersprüchen zu tun, denen man in dieser Stadt allenthalben begegnet. Und die es unmöglich machen, daß man sich, gleichsam erschöpft Atem holend, zurückfallen läßt in die vermeintliche Behaglichkeit des bloßen Kunstgenusses. In Florenz haben die Kunstwerke eine Geschichte, die herausfordert. Florenz ist wie ein Museum, dessen Exponate auf merkwürdige Weise irritierend wirken. Man muß sich damit abfinden. Daran gewöhnen kann man sich nicht.

Wechselnde Dimensionen

In der Via dell'Oriuolo, die vom Domplatz in östlicher Richtung zum Borgo Pinti und zur Piazza Salvemini führt, in dieser schmalen, verkehrsreichen Straße, die von den Florentinern gelegentlich auch Orivolo genannt wird, weil in einem ihrer Häuser 1353 die erste Uhr für den Palazzo Vecchio konstruiert wurde, befindet sich das Museum „Com'era", ein topografisches Institut, das, wie schon sein Name besagt, in zahlreichen alten Stichen, Veduten, Karten und Gemälden das Stadtbild von Florenz zeigt, wie es in vergangenen Jahrhunderten ausgesehen hat. Gleich im ersten Raum kann man ein riesiges Wandbild sehen, das Florenz um das Jahr 1490 darstellt, und es lohnt sich, dieses großartige Porträt einer Stadt – die damals noch nichts von ihrem mittelalterlichen Charakter eingebüßt hat und dabei doch schon ihr späteres energisches Hinauswachsen über den beengenden Ring der Stadtmauer andeutet – mit gebührender Aufmerksamkeit zu betrachten. Man erkennt die organisch gewachsenen Strukturen der mittelalterlichen Stadt sehr genau, ahnt auch die Umrisse des römischen Florentia und begreift, wie sie mit den verschiedenen Quartieren verschmolzen sind, die sich jeweils um ein architektonisch ausgeprägtes Zentrum drängen. Man sieht die alten Arnobrücken, es waren 1490 vier an der Zahl, und am überraschendsten mutet in diesem Zusammenhang der Umstand an, daß der flußaufwärts vom Ponte Vecchio gelegene Ponte alle Grazie gleichfalls von Häusern oder Verkaufsbuden besetzt war. Der alte Palazzo Pitti, der zu jener Zeit noch nicht die wuchtige Monumentalität späterer Jahrhunderte besessen hat, ist zu sehen; noch fehlt ihm die kunstvolle Umrahmung durch die Boboli-Gärten. Und auch der Dom, dicht umstanden von Häusern, vermittelt auf diesem Gemälde einen etwas anderen Eindruck als heute, da man etliche der mittelalterlichen Häuser längst abgerissen hat, die ihn früher einmal zu sehr bedrängt und eingeschnürt haben.

Eine ansehnliche Zahl von Veduten und Stichen in den verschiedenen Sälen dieses Museums erlaubt dem Betrachter auch ein ziemlich informatives Bild über das Leben und die Verhältnisse im Florenz des 18. und 19. Jahrhunderts. Da erkennt man zum Beispiel Wagenrennen auf der Piazza di Santa Maria Novella, was man sich heute kaum noch vorzustellen vermag, da das gewaltige Gebäude des Hauptbahnhofs mit der gänzlich dem Verkehr überlassenen Piazza Stazione und der Piazza dell' Unità diesen einstmals prachtvollen mittelalterlichen Platz gleichsam zudecken. Einen ähnlichen Eindruck gewinnt man beim Anblick eines großen Spektakels auf der Piazza della Signoria, wo noch im 18. Jahrhundert regelmäßig festliche Aufzüge stattfanden, während man auf einer Vedute aus dem Jahre 1738 eine Darstellung des sogenannten Calcio auf der Piazza di Santa Croce sieht, das heißt, man erkennt die kostbaren Dekorationen, das Defilee der Kutschen, dazu Spielbanden, Gaukler, Tänzer, alle möglichen Arten von volkstümlichen Belustigungen, während der Platz selbst, also das Spielfeld, von geschmückten Zelten umrahmt ist.

Andere Bilder zeigen das Leben in der Altstadt, wie es sich im 19. Jahrhundert abgespielt haben mag. Es sind Szenen von berührender Unmittelbarkeit. Und man identifiziert manche verwinkelte Gasse, manchen kaum mannsbreiten Durchschlupf im Umfeld der heutigen Piazza della Repubblica, die gegen Ende des vorigen Jahrhunderts in das alte Marktviertel der Stadt buchstäblich hineingesprengt wurde, dann während der Monarchie – in deren Anfängen Florenz bekanntlich die Hauptstadt des jungen Königreiches war – selbstverständlich Piazza Vittorio Emanuele hieß und jetzt durch einen hohen, ausnehmend häßlichen Torbogen verunstaltet wird, der daran erinnert, daß hier einst wahrscheinlich das Forum des römischen Florentia gelegen war. Die Bilder im Museum „Com'era" zeigen das volkstümliche Leben in diesem alten Stadtviertel noch vor seiner gewaltsamen Modernisierung, die wohl eher einer Zerstörung uralter Bausubstanz gleichgekommen sein mag. Und man mag sich dabei der Meinung entsinnen, die einst Stendhal von den Florentinern hatte, als er 1826 anläßlich einer ausgedehnten

Italienreise auch die Toskana besuchte. Stendhal schrieb damals, daß die Toskaner, die Bauern etwa, welche „die eigenartigste und klügste Bevölkerung von ganz Italien“ stellten, nüchternen Charakters wären, Menschen, die arbeiten, um reich zu werden. Im übrigen bedeute ihnen die Religion wenig; das sei weniger eine Frage des Glaubens als der sozialen Konvenienz, weil es einfach unmanierlich sei, gegen gewisse religiöse Vorschriften zu verstoßen. Vieles von dem, was der französische Autor sagte, und manches pittoreske Detail der Bilder, die man im Museum „Com'era“ zu sehen bekommt, wird man zumindest in Ansätzen auch heute noch entdecken können. Die baulichen Veränderungen rund um die Piazza della Repubblica haben das Wesen der Florentiner nicht beeinflußt. Das Nüchterne, Skeptische, gelegentlich Schroffe oder Mißtrauische, das sie sich im Verlauf ihrer abwechslungsreichen Geschichte angeeignet haben, ist ihnen jedenfalls erhalten geblieben.

Übrigens entdeckte ich eines Tages, als ich das Museum in der Via del Orivolo verließ, daß man in einem kleinen Theater direkt gegenüber Machiavellis zynische Komödie „La Mandragola“ spielte. Das erinnerte mich sogleich an das riesige Gemälde, auf welchem Florenz um 1490 dargestellt wird. Machiavelli war damals einundzwanzigjährig, ein kecker, begabter junger Mann, der seine ebenso erstaunliche wie letztlich doch von bitteren Enttäuschungen belastete Karriere noch vor sich hatte, wobei es freilich die Enttäuschungen, die beruflichen Demütigungen waren, die ihn während seines erzwungenen Exils zur Feder greifen und „La Mandragola“ schreiben ließen, das dann zu einem beispielhaften Erfolg in Florenz werden sollte. Machiavelli hätte sich diesen Erfolg wahrscheinlich lieber als Politiker gewünscht. Aber immerhin war die Aufnahme, die seine Komödie beim florentinischen Publikum gefunden hatte, der Anlaß dafür, daß der lange Zeit Verfemte, Verbannte den florentinischen Behörden wieder interessant und zu neuen Aufgaben im öffentlichen Dienst herangezogen wurde.

Solchen historischen Reminiszenzen kann man in Florenz immer wieder begegnen. An der Piazza della Repubblica zum

Beispiel mag man sich, während man in einem der großen Kaffeehäuser sein Frühstück einnimmt, daran erinnern, daß man hier nicht nur auf antikem, sondern auch auf kunstgeschichtlich äußerst bedeutsamem Boden verweilt. Denn wo einst Priester die Eingeweide der Opfertiere studierten und ein erster heidnischer Altar der Mittelpunkt war für die kultischen Zeremonien der Florentiner, wo dann seit dem ausgehenden Mittelalter mit Öl, Wein und Getreide gehandelt und schließlich das dunkle, fast hoheitsvoll anmutende Gebäude der Hauptpost errichtet wurde, gab es neben etlichen Kaffeehäusern – das „Gilli" existiert seit den dreißiger Jahren des 18. Jahrhunderts – auch eines, das „Giubbe Rosse" genannt wurde. Und dieses Kaffeehaus war sozusagen die Wiege der modernen italienischen Kunst des beginnenden 20. Jahrhunderts.

„Giubbe Rosse": Der Name rührt daher, daß die Kellner ausnahmslos rote Westen getragen haben; oder sie benützten diese grellfarbenen Kleidungsstücke dem Namen des Lokals zuliebe . . . jedenfalls war einer der Besitzer des Kaffeehauses ein Angehöriger der berühmten Familie Reininghaus, und in seiner Zeit, das war noch vor dem Ersten Weltkrieg, wurde „Giubbe Rosse" zum führenden Künstlercafé von Florenz und in einem übergeordneten Sinne auch von ganz Italien. Giovanni Papini gab damals (1903–1907) in Florenz die Kulturzeitschrift „Leonardo" heraus, die 1907 durch „La Voce" abgelöst wurde. Heftige kulturelle Auseinandersetzungen, die stets ihren Ausgang im „Giubbe Rosse" nahmen, waren charakteristisch für das geistige Leben in Florenz, wobei es vor allem um den Streit zwischen Neoklassizismus, Jugendstil und dem gerade erst in Florenz und in Paris aufgekommenen Futurismus ging. Übrigens übte in diesem Zusammenhang der deutsche Dichter Theodor Däubler – der täglich an einem Marmortischchen auf der damaligen Piazza Vittorio Emanuele seine leidenschaftlichen Aufsätze über zeitgenössische Kunst schrieb – einen entscheidenden Einfluß auf die jungen Wegbereiter der italienischen Moderne aus. Auch der Bildhauer Adolf von Hildebrand, der seit 1874 in Florenz lebte, war eine der zentralen Erscheinungen des florentinischen Kunstlebens. Man veranstaltete Kunstausstellungen, die eine Kampfansage an den vorherrschenden neoklassizistischen Geschmack waren. Man übernahm aus Paris neue Gedanken und Bildvorstellungen. Und Filippo Tommaso Marinetti, ein eher mittelmäßiger Poet, erfand schließlich den Begriff des Futurismus, der in sogenannten Manifesten über Italien hinaus populär gemacht wurde. Allerdings darf man nicht verschweigen, daß dieser Bewegung auch verhängnisvolle nationalistische Überlegungen zugrunde lagen. Marinetti zum Beispiel wurde später nicht zufällig zu einem der führenden Anhänger Mussolinis.

Das alles ist heute freilich längst schon Vergangenheit, ist Anlaß für kulturhistorische Überlegungen, die den kunstbeflissenen Touristen, welche in die Museen und Galerien von Florenz strömen, in der Regel verborgen bleiben. Was würden sie wohl dazu sagen, wenn sie – während sie sich durch die Säle in den Uffizien drängen – erfahren müßten, daß die Futuristen einst kategorisch die Schließung und Zerstörung aller Kunstmuseen gefordert haben?

Wahrscheinlich würde man, wenn es nach diesen Kunstrevolutionären gegangen wäre, auch den Palazzo Pitti zerstört oder zumindest ausgeplündert haben, diesen kolossalen Bau aus Rustica-Quadern, dieses eindrucksvolle Steingebirge, das die – über den Ponte Vecchio – nach Süden führende Ausfallstraße in Richtung Siena und Rom beherrscht, die hier zuerst als Via de'Guicciardini und dann, nach der Ausweitung zur Piazza dei Pitti, als Via Romana und Via Senese zu den Hügeln der Toskana ansteigt und über weite Strecken der Trassenführung der Via Cassia folgt. In meinen Notizen finde ich immer wieder den Hinweis auf diesen Palazzo Pitti als einen entscheidenden Kontrapunkt zu San Miniato, wobei ich freilich auch die großartige imperiale Geste der dahinterliegenden Boboli-Gärten miteinbeziehen möchte, die durch die Anmut ihrer amphitheatralischen Umarmung dem Palast selbst etwas von seiner furchteinflößenden Haltung nehmen. Hier begreife man wirklich einmal, notierte ich mir eines Tages, was immenser Reichtum und die

Neigung zur selbstbewußten Machtentfaltung zu leisten imstande waren. Allerdings muß man einschränkend hinzufügen, daß über allen diesen Beispielen kostspieliger und kostbarer Architektur, also über diesen Brunnenanlagen, Statuen, künstlichen Rampen, bizarren Dekorationen, über dieser in den Boboli-Gärten gewaltsam und dennoch bewundernswert kostümierten Natur ein Hauch von Erstarrung liegt.

Die explosive Wucht des Palazzo Pitti, die man fast als bedrückend oder beängstigend empfindet, wenn man sich ihm von der Straßenseite her nähert, löst sich in dem Augenblick auf, wenn man in die kunstvoll angelegte Gartenlandschaft tritt, die ihn gleichsam kokett umschmeichelt. Vielleicht hat das auch damit etwas zu tun, daß die gesellschaftlichen und politischen Voraussetzungen für diese ins Gigantomanische übersteigerte architektonische Inszenierung verlorengegangen sind. Heute vergnügen sich Einheimische wie Fremde in den weitläufigen Boboli-Gärten oder bestaunen die weltberühmte Bildersammlung der Galleria Palatina, ohne daß man noch einen Gedanken an die Geschichte dieses Palastes verschwendet oder sich überlegt, welche ungewöhnlichen geistigen und materiellen Anstrengungen notwendig waren, um diesen dunklen Koloß in seiner heutigen Form zu schaffen.

Die Baugeschichte des Palazzo Pitti – dessen Innenhof, wie ich einmal in einem Kunsthandbuch überrascht nachlesen konnte, einen gespannten, klirrenden Eindruck mache, so daß den Besucher nach einer Weile das Gefühl überkomme, er habe ein Kettenhemd übergestreift, eine Vorstellung, die ich nur bestätigen kann –, die Baugeschichte beginnt mit dem maßlosen Ehrgeiz eines gewissen Luca Pitti. Das war einer dieser nüchternen Florentiner, die arbeiten, um reich zu werden, und dann ihren Reichtum auf überzeugende Weise zu dokumentieren wünschen. Wahrscheinlich ärgerte sich Pitti über den gerade erst fertiggestellten Medici-Palast, dessen Proportionen ungewöhnlich waren und herausfordernd wirkten. Und er beauftragte den Architekten Francelli – und nicht, wie manche Autoren hartnäckig behaupten, Brunelleschi – mit der Konstruktion

ADOLESCENTIAM PALLAS A VENERE AVELLIT
RADIX AMARA VIRTUTIS FRUCTUS SUAVIS

eines Palastes, welcher jenem der Medici zumindest ebenbürtig sein sollte.

Dieser erste, noch verhältnismäßig kleine, weil noch nicht durch den Zubau der gewaltigen Flügel ins Maßlose vergrößerte Palazzo Pitti entstand zwischen 1457 und 1466. Dieses Bauwerk scheint aber Luca Pitti und seinem Geschlecht dann wenig Freude bereitet zu haben, denn schon wenige Jahrzehnte später verwahrloste das Anwesen, bis es 1550 von Eleonora von Toledo, der Gattin Cosimos I., angekauft und wiederum einige Jahre später durch Bartolommeo Ammanati restauriert wurde. Damit begann die unerhörte Ausweitung des Palastes, ein Prozeß, der bis ins 18. Jahrhundert hinein andauerte und zahllose Künstler des Cinquecento, Seicento und Settecento beschäftigte, darunter so bedeutende wie Ottavio Vannini, Pietro da Cortona oder Giovanni da Bologna. Aber auch die Geschichte bemächtigte sich des Palastes, und zwar schon Ende des 16. Jahrhunderts, als die Großherzöge der Toskana den Regierungssitz vom Palazzo Vecchio auf die andere Seite des Arno in den Palazzo Pitti verlegten; und dann noch einmal auf recht eindrucksvolle Weise, denn als die Stadt zur politischen und geistigen Metropole Italiens gemacht wurde, was immerhin von 1864 bis 1871 andauerte, residierte hier König Vittorio Emanuele. Sein Enkel Vittorio Emanuele III. schenkte 1919 Palast und Gärten dem Staat. Und wer sich mit naturwissenschaftlichen Fragen beschäftigt, wird sich gern daran erinnern, daß im Palazzo Pitti 1657 die Accademia del Cimento gegründet wurde, die erste naturwissenschaftlich forschende Gesellschaft der Neuzeit, was den Florentinern gewiß ein weiteres gutes Zeugnis für ihren praktischen, nüchternen Sinn und für ihre spontane Neugier an allen wissenschaftlichen Fragen ablegt. Es war übrigens ein Kardinal namens Leopoldo, der diese Akademie sozusagen aus der Taufe hob.

Heute ist der Palast Heimstätte der Galleria Palatina, über deren Reichtum an Kunstwerken man viele Seiten füllen könnte. Sie wurde nach 1620 eingerichtet, enthält eine Reihe von Meisterwerken des 16. Jahrhunderts, darunter elf Bilder

Palazzo Pitti, Venus-Saal, Fresken von Pietro da Cortona

von Raffael, acht von Tintoretto, zwölf von Rubens, vierzehn von Tizian, um nur die berühmtesten Namen zu nennen, und viele Experten sind der Meinung, daß es sich bei der Pitti-Galerie um eine der schönsten Repräsentationsgalerien Europas handle. Dazu kommen noch die gleichfalls der Öffentlichkeit zugänglichen königlichen Gemächer, ferner die sogenannte Argenteria, die ehemalige Schatzkammer aus dem Besitz der toskanischen Großherzöge, eine moderne Galerie und eine Reihe anderer, interessante Programme anbietender Ausstellungen.

Was den Innenhof angeht, so sollte man wohl noch nachtragen, daß diese Schöpfung Ammanatis bei besonderen Gelegenheiten unter Wasser gesetzt wurde, um Schaukämpfe zwischen prunkvoll geschmückten Schiffen zu ermöglichen, denen das aristokratische Publikum vom rundum verlaufenden Balkon des ersten Stockwerkes aus interessiert zuschaute. Das mag ein hübsches oder auch attraktives Bild ergeben haben, wobei man heute, da Florenz wieder einmal unter der Last der Ausgaben stöhnt und schwindende Einnahmen beklagt, nicht nach den Kosten eines solchen Spektakels fragen sollte. Aber das war ohnedies immer schon eine der Eigentümlichkeiten dieser Stadt, die für Europa das Geld- und Bankwesen erfunden hat, daß man unter zu geringen Einnahmen und zu hohen Ausgaben stöhnte, ohne daß man deshalb am aufwendigen Lebensstil etwas änderte.

Im Palazzo Pitti, in den dahinterliegenden Garten- und Parkanlagen mit ihren verwaschenen Statuen, deren Figuren stets ein wenig töricht oder auch betroffen auf eine Natur blicken, deren Künstlichkeit fast schon in die Nähe des schlechten Geschmacks rückt, aber auch auf dem Ponte Vecchio oder oben in San Miniato, wo das Rumoren der Geschichte nur noch ein besänftigendes Geräusch ist, oder in diesem topografischen Museum in der Via dell' Oriuolo, dessen Bilder und Stiche eine andere Dimension von Florenz als die übliche kunstvolle zeigen . . . an vielen Orten mag man sich der schönen Einbildung hingeben, die schon Hippolyte Taine im vergangenen Jahrhundert so beschrieben hat, daß zwar die alte Stadt des 15. Jahrhunderts immer noch bestehe, aber nicht verschimmelt oder in einen abseitigen Winkel gedrängt oder beschmutzt wirke. „Die Vergangenheit hat sich mit der Gegenwart in Einklang gebracht“, notierte Taine und verstand darunter das höchste Lob, das man einer so prachtvollen Kunststadt, die auch eine Stadt der schönen Künste ist, spenden kann.

Aber es gibt auch ein anderes Florenz. Eines, das Savonarola gegeißelt und der florentinische Historiker Bruto als geschwätzig bis verleumderisch dargestellt hat. Es gibt ein Florenz, das der unaufhörlichen Versuchung, seinen alten, nüchternen Tugenden untreu zu werden, allmählich erliegt. Das seinem aufs Praktische und stets auch aufs Korrekte ausgerichteten Charakter Dinge erlaubt, die man eher weiter im Süden erwarten würde. Plump manipulierte Hotelrechnungen etwa, die man – im Blick noch den geschmackvollen Reichtum der Uffizien oder die mosaikenbedeckte Kuppel des Baptisteriums – mit bitterem Geschmack zwischen den Fingern dreht und wendet, weil man nicht wahrhaben möchte, daß in einer Stadt, die Donatellos Maddalena beherbergt oder der Brunelleschis unvergleichliches Meisterwerk, nämlich die Domkuppel, als Wahrzeichen dient, das kleinliche Betrügen, die billige Falschmünzerei sich zu behaupten vermögen. Und die Arroganz, mit der ein Wirt seine Gäste um halb acht Uhr am Abend von der Schwelle seiner Trattoria verjagt, weil er selbst mit seinem Personal noch zu Tisch sitzt und seine Ruhe haben möchte, weil er, wie er mürrisch zugibt, es längst nicht mehr notwendig habe, den Touristen einen höflichen Diener zu machen. Da überrascht es dann fast schon nicht mehr, daß man in einem angesehenen Hotel an der Piazza della Repubblica, das von sich selbst behauptet, zu den führenden Hotels Italiens zu gehören, erst dann ein Zimmer bekommt – und dabei wie ein lästiger Bittsteller behandelt wird –, wenn man einen Betrag, der in die Hunderttausende (Lire) geht, im vorhinein erlegt.

Die Florentiner sind nüchterne, eher pragmatische als sonderlich phantasievolle Naturen. Ihr Sinn ist auf Zweckmäßigkeit ausgerichtet. Und daß sich in den Mauern ihrer Stadt eine überwältigende Fülle an großartigen Kunstwerken befindet, ist dazu kein Widerspruch. Wer immer schon die Bedeutung des Geldes begriffen und danach gehandelt hat, daß das Bleibende nicht die Götter, sondern tüchtige Kaufleute und geschickte Bankherren stiften, dem wird auch frühzeitig bewußt, daß Kunstwerke eine durchaus materielle Bedeutung haben können. Aber was zu Donatellos, Brunelleschis und Michelangelos Zeiten stets ein Akt kluger Kalkulation und der Ausdruck eines intellektuellen Selbstbewußtseins war, mit dem man sich vor Gott und der Welt auf beeindruckende Weise in Szene zu setzen verstand, ist inzwischen vielfach nur noch ein Akt des reinen Geschäftsinteresses geworden.

Das ist freilich eine Entwicklung, die überall dort eingesetzt hat, wo das Ungewöhnliche ein durchaus gewöhnliches Interesse erweckt hat. Der Preis, den man dafür bezahlt, daß man jenem schöpferischen Akt nachspürt, der das Große produziert, ist überall – ob in Rom oder Florenz, in Venedig oder Neapel – der nämliche. Das hat nicht nur mit Geld etwas zu tun. Eine Annäherung an Florenz bedeutet nämlich auch, den Blick vor dem Banalen nicht zu verschließen. Und neben dem Erhabenen das Alltägliche zu akzeptieren, das mitunter recht fragwürdig sein kann.

Santa Maria del Fiore

Manchmal, wenn man sich lange genug mit Florenz beschäftigt und in Florenz umgesehen hat oder wenn man sich von der überwältigenden, einschüchternden Fülle der Details erholen will, die mit dem Bau von Santa Maria del Fiore zu tun haben, möchte man energisch den Kopf heben, um nicht vom Strudel der Daten, Namen und Ereignisse unter die Oberfläche einer Wirklichkeit gezogen zu werden, die gerade in Florenz wichtig ist für das Gewahrwerden der Bedeutung aller Kunst. Ich erinnere mich an einen nebelverhangenen Dezembertag mit Sprühregen und immer wieder aufkommendem Wind, der naß und kalt durch die engen Gassen der Innenstadt wehte. Das Pflaster rund um den Dom glänzte unter dem Regen. Die Domkuppel wirkte wie von Schleiern umgeben, der Campanile verschwand im milchigen Dunst, dessen feierliche und zugleich unnatürliche Helligkeit durch die Scheinwerfer entstand, deren Licht himmelwärts gerichtet war. Und während ich langsam den Dom umkreiste und mich an das Bild zu erinnern versuchte, das diese wie in einem überschlagenden Anprall erstarrte steinerne Woge an Sommertagen bietet, wenn die Sonne schwer und nachdrücklich auf Kuppel, Campanile und Baptisterium lastet, schossen mir unaufhörlich andere Eindrücke durch den Kopf, entstand in mir ein Kaleidoskop von Eindrücken, die ich im Augenblick nicht zu ordnen fähig war und von denen ich nur wußte, daß sie in irgendeinem Zusammenhang mit dieser mächtigen Kathedrale, mit dieser Stadt standen, deren Sog man sich nicht entziehen kann.

Da schob sich plötzlich Dantes Porträt in meine Erinnerung, diese große Bildtafel, welche im nördlichen Seitenschiff des Doms angebracht ist, das Gemälde eines eher unbedeutenden Malers namens Domenico di Michelino, entstanden 1465, Dante in einem roten Kittel zeigend, wie er mit einem aufgeschlagenen Buch in der Hand – der „Göttlichen Komödie“ – zwischen den Mauern des mittelalterlichen Florenz und Himmel, Hölle, Fegefeuer steht, während sich im Hintergrund der Turmbau zu Babel erhebt.

Und gleichzeitig sah ich Paolo Uccellos großartiges Bild des Giovanni Acuto vor mir, dieses überdimensionale freskierte Reiterbildnis, grünschillernd oder graugrün getönt, ein Meisterwerk der europäischen Malerei, ein Bild von höchster Monumentalität und mitreißender Aussage, das man in seiner ganzen Größe vielleicht nur begreifen kann, wenn man die Hintergründe seiner Entstehung und auch die Person kennt, welche es darstellt. Und etwas vom Schicksal des Malers ahnt, der dieses Reiterbildnis des Condottiere Giovanni Acuto schuf, der eigentlich John Hawkwood geheißen hat, ein gebürtiger Engländer – wahrscheinlich aus Essex – und zudem einer der großen, weil erfolgreichen Söldnerführer des 14. Jahrhunderts gewesen ist, der mit seinen Söldnern zuerst im Piemont, dann für Pisa und zuletzt für Florenz gekämpft hat. Als Giovanni Acuto, wie ihn die Italiener nannten, am 17. März 1397 starb, forderte England die Herausgabe seiner sterblichen Überreste, was die Florentiner veranlaßte, ihm ein Ehrengrab im Dom zu errichten. Vier Jahrzehnte später – der Ruhm eines Condottiere verblaßte damals weniger rasch als der eines Künstlers – bestellte die Opera del Duomo bei Uccello ein großes Gemälde, auf welchem Acuto in würdevoller Form gedacht werden sollte. Aber anscheinend löste Uccello seine Aufgabe nur ungenügend, denn er mußte das bereits fertiggestellte Bild zerstören und ein neues Fresko schaffen – das Gemälde, das sich im Dom befindet, ist das 1842 auf Leinwand übertragene zweite Fresko –, welches dann auf Wunsch der Auftraggeber noch einmal ausgebessert werden mußte, weil sich, wie man entdeckte, sinnstörende Fehler in der Inschrift des dargestellten Sarkophags befanden.

Uccello, der ursprünglich einen anderen Namen trug und sich so nannte, weil er Tiere und insbesondere Vögel über alles liebte, dürfte das alles mit Geduld ertragen haben. Die meisten seiner Werke sind leider verlorengegangen, aber man weiß, daß er, der erbarmungswürdig arm war, die Wände seiner Behausung mit Zeichnungen von Tieren bedeckte, weil er kein Geld hatte, um sich tatsächlich Tiere halten zu können. Berühmt wurde er durch seine Kunst der Pferdemalerei, was ihm wohl auch den ehrenvollen Auftrag für das Reiterbildnis im Dom zu Florenz eingetragen haben dürfte. Kasimir Edschmid sprach einmal von einer Nationalschlacht der Rösser bei Uccello, bei der die menschlichen Ritter nur farbige Schatten wären. Und wenn man das wahrhaftig gigantische Pferd des englischen Condottiere Hawkwood betrachtet, dann ahnt man etwas von der Leidenschaft, mit welcher dieser seltsame Maler zu Werke ging, dem, sobald er Pferdeatem witterte, Kräfte von besonderer Wucht entgegenströmten (K. Edschmid) und der sich buchstäblich zu Tode zeichnete.

Das Pendant zu seinem Reiterbildnis, das zwanzig Jahre später entstand, zeigt den Condottiere Niccolò Manuzi da Tolentino, welcher als Reiterführer die Nachfolge des legendären Hawkwood angetreten hatte, mit wesentlich geringerem Erfolg allerdings, was die dankbaren Florentiner freilich nicht daran hinderte, auch ihm ein Ehrengrab im Dom zu errichten. Das Bildnis stammt übrigens von Andrea del Castagno – auch hier wurde das Fresko 1842 auf Leinwand übertragen – und erreicht bei weitem nicht die Wirkung der Darstellung Uccellos, die in der Tat eines der großen Beispiele der italienischen Renaissancekunst und überdies ein bahnbrechendes Werk der monumentalen Reiterdenkmale im Sinne eines Donatello und Verrocchio ist.

Dieser Dom ist wie eine Falle, in die man arglos gerät. Man ist auf der Suche nach interessanten Sehenswürdigkeiten; man will vielleicht die feierliche Stimmung einer der berühmtesten Kathedralen Italiens wahrnehmen; man will Kunstwerke kennenlernen, von denen man einiges gelesen und über die man sich ein Vorurteil gebildet hat . . . Aber plötzlich schnappt die Falle zu. Das Innere des Doms, das zuerst noch leer und nüchtern gewirkt hat, ist unversehens von Bildern und Geschichten erfüllt, deren Wirkung man sich nicht mehr zu entziehen vermag. Das Einfache wird zum Gleichnis. Das Selbstverständliche erfährt eine völlig neue Dimension. Die gewohnten Perspektiven verändern sich. Wo liegt Giottos Grab, von dem man mit Sicherheit nur weiß, daß es im Bereich der Kathedrale angesiedelt ist? Deckt der Grabstein, der an Brunelleschi erinnert, tatsächlich noch das Gebein des genialen Baumeisters zu? Stimmt es, daß Michelangelo den Marmor zu seiner Pietà, die er dann zornig und enttäuscht mit Hammerschlägen bearbeitete, einem antiken Tempel entnahm? Sind die vier Köpfe, die das große Zifferblatt hoch über dem Hauptportal einfassen, wirklich der Hand Uccellos entsprungen? Und wie kommt es, daß man sowohl die Büste Emilio de Fabris, des Schöpfers der modernen Domfassade, als auch jene Arnolfo di Cambios, die beide an der linken Seitenwand unmittelbar nach dem Hauptportal angebracht sind, mit gleichem Respekt bewundert?

Es sind zuviele Fragen, die sich aufdrängen. Und zuviele Eindrücke, mit denen man im Dom selbst nicht fertig wird. Man ruft gleichsam unhörbar nach Hilfe. Man sinnt auf Auswege, auf Umwege, die einem den Zugang zum Dom dann wieder erleichtern sollen. Ein solcher Ausweg ist das Dommuseum.

Im November 1966, als die schlammige Flut des Arno bis zur Piazza del Duomo vordrang und das Innere der Taufkirche von San Giovanni verwüstete, wurde vom Hochwasser auch eine fast lebensgroße Holzfigur beschädigt, welche die Büßerin Maria Magdalena darstellt und die damals noch an der Südwestwand des Baptisteriums aufgestellt war. Donatello hatte diese Maddalena um 1450 geschaffen. Jetzt, nach der Überschwemmung, mußte sie restauriert werden. Dabei entfernte man mehrere Farbschichten. Und entdeckte auf diese Weise eines der berührendsten Meisterwerke des europäischen Realismus völlig neu, das durch die mehrfach vorgenommenen Übermalungen verniedlicht und in einem tieferen Wortsinn auch entstellt worden war. Nach der Restaurierung wurde Donatellos Maddalena jedenfalls in das Museum der Opera del Duomo gebracht, wo es heute einen Saal im oberen Stockwerk des Gebäudes buchstäblich beherrscht. Das Zerfetzte und Aufgelöste, der Ausdruck einer vollkommenen Verzweiflung im Antlitz dieser Frau, deren durch leidvolle Erfahrung verursachte Häßlichkeit eine

Santa Maria del Fiore, Domkuppel von Filippo Brunelleschi

mitleidvolle Erschütterung im Betrachter hervorruft . . . das alles enthält eine Aussage, die unmittelbar anspricht. Des Menschen Elend und die Qual seiner Ausweglosigkeit sind in dieses Antlitz gebannt, dessen starrer Blick ein Entsetzen ausdrückt, das heute noch manchen altmodischen Autoren befremdlich vorkommt. Und das nach seiner Entstehung die selbstbewußten Florentiner verunsichert oder vielleicht sogar eingeschüchtert haben mag, so daß man sich gegen diesen Ausdruck einer kompromißlosen Wahrheit mit verfremdender Übermalung zu wehren versuchte.

Es gibt dann noch zwei andere Exponate in diesem Museum der Opera del Duomo, das sich übrigens in unmittelbarer Nachbarschaft von Donatellos ehemaligem Atelier befindet, die eine ähnliche, wenngleich nicht so dramatische Wirkung erzielen. Da ist einmal die Totenmaske Filippo Brunelleschis in jenem Raum, darin auch Arbeitsgeräte und Pläne ausgestellt werden, die mit der Gestaltung und dem Ausbau der weltberühmten Domkuppel zu tun hatten. Und man wird, während man auf die Totenmaske des Schöpfers dieser Domkuppel blickt, auf den herabgesunkenen Unterkiefer, auf dieses in einem unermeßlichen Schmerz erstarrte Gesicht, plötzlich an die unglaubliche Geschichte der Entstehung dieser Domkuppel erinnert, des Werdens dieses unvergänglichen Meisterwerkes Brunelleschis, der einst auch dafür verantwortlich gewesen war, daß die um 1300 gegründete Opera di Santa Maria del Fiore – wie der genaue Titel lautet – von ihrem ursprünglichen Standort an der Südseite der Piazza del Duomo in ihr heutiges Domizil an der Piazza del Duomo Nummer 9 übersiedelte.

Im Halbstock des Museums, eine geräumige Nische ausfüllend und beherrschend, steht die Pietà Michelangelos, die gleichfalls eine starke Faszination ausübt. Auch hier wird Trauer spürbar, wird das Unwiderrufliche des Sterbens deutlich, empfindet man den vernichtenden Schlag des Schicksals fast als persönliche Herausforderung. Dabei ist diese Pietà – die angeblich für das Grab des Bildhauers gedacht gewesen war und die er dann eines Marmorschadens wegen verworfen hatte – Michel-

Santa Maria del Fiore, Fassadendetail

angelo eigentlich nur bedingt zuzählbar. Einer seiner Schüler namens Tiberio Calcagni vollendete sie. Aber der steingewordene Ausdruck des Unwiderruflichen, gebannt durch die formende Kraft der Kunst, ist erhalten geblieben. Übrigens hat diese Pietà eine bewegte Biografie. Denn ein römischer Kardinal brachte sie einst nach Rom, wo sie auf dem Monte Cavallo aufgestellt wurde. Später kehrte sie nach Florenz zurück und diente den Gruftgewölben von San Lorenzo als Dekoration. 1721 sorgte der toskanische Großherzog Cosimo III. dafür, daß die Pietà hinter dem Hochaltar des Doms einen würdigen Platz erhielt. Von dort gelangte sie im Verlauf von Renovierungsarbeiten 1933 in das Dommuseum, wo sie von den zahlreichen Besuchern respektvoll bestaunt wird.

Manches andere gibt es noch in diesem Dommuseum, das betroffen macht. Etwa ein Tafelbild, auf welchem Maria dem Christuskind die Brust gibt. Was für ein ansprechendes, zutiefst menschliches Gefühl hier doch ausgedrückt wird, dargestellt in den dunklen Farben der florentinischen Malschule des 14. Jahrhunderts, mit einer Muttergottes, die unversehens wie eine Frau, wie eine Mutter wirkt, nur weil man ihre entblößte Brust sieht, an welcher der dürstende Mund Jesu hängt. Ein Triptychon von Giovanni del Biondo wiederum, entstanden in der zweiten Hälfte des 14. Jahrhunderts, erinnert an die Traumbilder Chagalls. Gott fliegt über den irdischen Dingen dahin, alles ist von sanfter Turbulenz erfüllt und zugleich von jener rührenden Naivität, die einem buchstäblich ans Herz greift. Das Leben ist hier ein schöner Traum, den die Engel bewachen.

Völlig andere Erinnerungen und Gefühle erweckt eine Sitzfigur aus hellem Marmor, welche einer Inschrift zufolge Papst Bonifaz VIII. darstellt, jenen Pontifex also, der zuerst das sogenannte „Heilige Jahr“ verkündete, was der römischen Kirche bekanntlich einen unglaublichen Ansturm von mehr oder minder zahlungskräftigen Pilgern einbrachte, und dessen ehrgeizige Politik Florenz gegenüber die hauptsächliche Ursache für Dantes entschiedene Haltung Rom gegenüber und dadurch auch für dessen Verbannung gewesen ist. Tatsächlich jedoch dürfte die gotische Figur eher den Kirchenvater Gregor den Großen zeigen, einen Mann, dessen Lebensaufgabe es gewesen ist, den uralten Kampf um die Vorherrschaft der Macht zugunsten der Kirche zu entscheiden. Etwas Strenges und zugleich Rätselhaftes geht vom Antlitz dieses Papstes aus, der mit hochmütigem Blick in Richtung von Donatellos Maddalena schaut und kaum jener Empfindungen fähig gewesen sein dürfte, die Donatello in die Lage versetzten, mit der Maddalena das menschlichste und berührendste aller seiner Werke zu schaffen.

Es ist gar keine Frage, daß ein Besuch des Dommuseums außerordentlich lohnend und zudem informativ ist, weil es gleichsam der Illustration des überraschend kahlen, fast nüchternen Inneren der Kathedrale dient. In diesem Zusammenhang sind einige biografische Daten zur Entstehungsgeschichte des Doms und damit natürlich auch der Opera del Duomo und des von ihr eingerichteten und betreuten Museums bedeutsam. In allen Reisehandbüchern kann man nachlesen, daß mit dem Bau am Dom zu Santa Maria del Fiore etwa um das Jahr 1296 begonnen worden sei. Als Architekt wird dabei Arnolfo di Cambio genannt, ein begnadeter Baumeister, der aus Colle im Elsatal stammte und dessen Name in einer nur schwer lesbaren Inschrift an der Südseite des Doms aufscheint, wobei als Datum für den Beginn des Neubaus der Kirche das Jahr 1296 genannt wird. Arnolfo ist 1301 oder 1311 gestorben.

Alle diese Angaben entsprechen der historischen Wahrheit. Aber sie sind unvollständig, verschweigen Wesentliches und vermitteln dem Besucher keine Vorstellung von der Idee, die sich in diesem Bauwerk manifestiert. Denn der Dom von Florenz ist nicht durch eine Anordnung der Kirche entstanden, verdankt seine Existenz nicht einer eindrucksvollen klerikalen Willensäußerung, sondern er ist tatsächlich „sichtbarer Ausdruck einer machtvollen Gemeinschaft“, also sozusagen eine Art politisches Manifest aus Stein (Andreas Grote). Und das wiederum hängt mit der historischen und gesellschaftlichen Situation zusammen, aus welcher heraus er entstanden ist.

Zuerst existierte an der Stelle, an der sich heute das Riesengebirge des Doms erhebt, eine Kirche namens Santa Reparata, die einer syrischen, heute längst vergessenen Heiligen gewidmet war. Einen dokumentarischen Hinweis darauf gibt es aus dem Jahre 987. Aber zuvor schon, wahrscheinlich bereits im 8. Jahrhundert, könnte Santa Reparata als Bischofskirche gedient haben. In ihr, die wie der heutige Dom jenen Ort markiert, wo einst die nördliche Stadtmauer der römischen Ansiedlung verlief, fanden alle wichtigen Bürgerversammlungen statt, wurden die Gonfalonieri vereidigt und jene öffentlichen Fragestunden abgehalten, in welchen die florentinischen Bürger kritische Anregungen und Wünsche vorbringen konnten. Aus dem Protokoll einer solchen Fragestunde im Jahre 1285 wissen wir, daß erstmals der Wunsch geäußert wurde, die längst baufällig gewordene Kirche Santa Reparata zu erneuern. Aber erst sieben Jahre später scheint diese Anregung auf fruchtbaren Boden gefallen zu sein, wobei wahrscheinlich von allem Anfang an Arnolfo di Cambio mit dem notwendig gewordenen Neubau betraut wurde.

Der Tod des Baumeisters unterbrach die zuerst recht zügig voranschreitenden Arbeiten. Aber auch politische Auseinandersetzungen und die Verwicklung der Stadt in ebenso kostspielige wie verlustreiche Kriege erschwerten die Finanzierung des Neubaus von Santa Reparata. In dieser Situation trat die sogenannte Opera auf den Plan. Sie ging 1331 in die Obhut der Arte della Lana über, in die Wollmacherzunft, die nunmehr – und bis auf den heutigen Tag – für das Werden und Wachsen und vor allem auch für die Finanzierung des gewaltigen Bauwerkes verantwortlich wurde. Der offizielle Name dieser Vereinigung lautete früher „Opera della Santa Reparata“, denn erst zu Beginn des 15. Jahrhunderts wurde der Dom entgegen den Wünschen der Florentiner Santa Maria del Fiore genannt, wobei es annähernd ein Jahrhundert brauchte, bis man sich in Florenz an diesen neuen Namen zu gewöhnen vermochte. Die Zunft aber, die das Patronat über den Dom innehatte, sorgte nunmehr nicht nur für die notwendigen Geldmittel – was immer wieder zu außerordentlichen Belastungen der Mitglieder führte, die ja nicht durch die Kirche oder durch irgendwelche Ablässe das Geld für den Bau aufbringen konnten –, sondern sie übernahm auch die künstlerische und kaufmännische Verantwortung. Die Arbeiter und Steinmetze zum Beispiel waren in der Regel Angestellte der Zunft. Es gab für sie auch eine Art von Sozialversicherung, während der jeweilige verantwortliche Baumeister den Zunftmeistern direkt unterstellt, jedoch mit weitreichenden Vollmachten ausgestattet war.

1330 fand man in sieben Metern Tiefe unter der alten Bischofskirche die Gebeine des heiligen Zenobin, der als Bischof im frühmittelalterlichen Florenz gewirkt hatte und übrigens gleichfalls syrischer Herkunft gewesen war – er starb um 429 –; und als man die Reliquien des Heiligen nach Santa Reparata brachte, um sie dort unter dem Hauptaltar beizusetzen, erblühte mitten im Winter ein Baum. Daran erinnert heute noch ein Marmorkreuz vor der Nordwand des Baptisteriums. Bedeutsamer für die Arbeit am neuen Dom war freilich der Umstand, daß die Auffindung dieser wichtigen Reliquien den entscheidenden Anstoß für die Wiederaufnahme der fast zwanzig Jahre unterbrochen gewesenen Arbeiten gab. 1334 wird Giotto Dombaumeister; sein Tod (1337) bedingt eine neuerliche Unterbrechung, bis es 1355 zur Fortsetzung des Dombaues unter Francesco Talenti kommt. Eine entscheidende Phase beginnt dann 1417 mit Filippo Brunelleschi.

Brunelleschis Vater war Notar, sein Großvater noch ein einfacher Schankwirt gewesen. Das Haus der Brunelleschi war übrigens in der zweiten Hälfte des 14. Jahrhunderts Schauplatz erbitterter Kämpfe, und zwar zwischen Söldnern aus Pisa und Florentinern, wobei die pisanischen Soldaten von jenem John Hawkwood kommandiert wurden, der später in das Lager der Florentiner überwechselte und dessen von Uccello gemaltes Reiterbildnis in Santa Maria del Fiore ausgestellt ist.

In Florenz überschneiden sich Politik und Kunst immerzu. Man kann die Biografie dieser Stadt an einer beliebigen Stelle aufschlagen . . . immer wird es das Ergebnis eines schöpferischen Aktes sein, welches die fortlaufende Geschichte aufs schönste illustriert.

Filippo Brunelleschi (1377–1446) erhielt eine Ausbildung als Steinmetz. Giorgio Vasari, der bedeutendste Kunsthistoriker des 16. Jahrhunderts und selbst Schöpfer zahlreicher Kunstwerke von allerdings recht unterschiedlichem Rang, trat auch als Autor einer Lebensbeschreibung Brunelleschis in Erscheinung. Darin schildert er dessen Aussehen: „Viele sind von der Natur klein an Gestalt und Gliedern geschaffen worden, welche die Seele voll von einer derartigen Größe und das Herz von derart unermeßlicher ‚terribilità' haben, daß sie niemals im Leben Frieden finden, wenn sie nicht schwierige, ja fast unmögliche Dinge beginnen . . . Und alle die Dinge, welche die Gelegenheit ihnen in die Hand legt, lassen sie preisenswert und hoch werden. Und sie bemühen sich, die Häßlichkeit des Körpers mit der Tugend der Erfindung zu verschönen, wie man deutlich an Filippo di Ser Brunelleschi sieht, der nicht weniger unansehnlich an Gestalt wie Giotto war; aber dabei von so hohem Geiste, daß man gut sagen kann, er sei uns vom Himmel gesandt, um der Architektur neue Form zu geben."

Brunelleschi, den man sich also eher als unansehnlich oder sogar häßlich vorstellen muß, durchlief auch eine Goldschmiedlehre, und zwar in der Werkstatt eines Goldschmieds in Pistoia. Zwei Darstellungen von Propheten am Altar des Doms in dieser Stadt werden ihm zugeschrieben. Aus jenen frühen Tagen dürfte auch der Beginn seiner engen Freundschaft mit Donatello herrühren, wobei es eine hübsche Anekdote gibt, welche den unbändigen Ehrgeiz dieser beiden jungen Genies charakterisiert. Donatello hatte ein hölzernes Kruzifix geschaffen, das für die Kirche von Santa Croce vorgesehen war. Als nun Brunelleschi diese Figur sah, soll er gesagt haben, daß Donatello lediglich einen Bauern, aber nicht Christus ans Kreuz geschlagen habe. Und um dem Freund zu beweisen, wie man eine solche Skulptur zu schaffen habe, gestaltete Brunelleschi selbst ein hölzernes Kruzifix, dessen meisterhafte Form der Bearbeitung man heute noch in Santa Maria Novella bewundern kann.

Aber während solche Anekdoten lediglich dem romantischen Teil der Biografie Brunelleschis nützen, wissen wir mit Sicherheit, daß er gemeinsam mit seinem Freund Donatello einige Jahre lang in Rom weilte, worüber uns wiederum Vasari recht genau informiert, wenn er schreibt, wie der junge Künstler alles Sehenswerte in der Ewigen Stadt studierte, „hingerissen und wie außer sich". Und es war zweifellos auch das Ergebnis dieser römischen Studien, daß Brunelleschi 1417 mit einem eigenen Modell den Wettbewerb mit den anderen Baumeistern aufnahm, welche von der Opera aufgefordert worden waren, die den Dom beherrschende und krönende Kuppel zu gestalten. Jedenfalls werden nach langwierigen Diskussionen Filippo Brunelleschi und sein schärfster Rivale Lorenzo Ghiberti – der Schöpfer der Bronzetüren am Baptisterium – zu Dombaumeistern und Kuppelarchitekten ernannt. Als Brunelleschi 1446 stirbt, ist zwar der Kuppelbau selbst weitgehend abgeschlossen; aber für den Laternenbau sind gerade erst die Fundamente vollendet. Michelozzo setzt das Begonnene nach den Plänen Brunelleschis fort. Nach seinem Tod (1451) folgen ihm Manetti, Rosselino und Tommaso Suchielli, welcher die Laterne schließlich vollendet. Ihre Weihe erfolgt im Jahre 1467.

Was die Fassade der Kathedrale angeht, so wurde sie 1587 erstmals grundlegend verändert, das heißt, sie wurde entfernt, ohne daß jedoch ein neues Konzept zur Ausführung gelangte. Lediglich an einigen erhaltenen Modellen im Dommuseum kann man die Vorstellungen erkennen, welche Buontalenti, Cigoli oder Giovanni da Bologna zu verwirklichen gedachten. 1688 behalf man sich mit einer glatten Verkleidung, die mit einer Scheinarchitektur bemalt wurde. Die heutige Fassade entstand dann in den Jahren 1875 bis 1887 nach Plänen des Architekten De Fabris.

„Mit der höchsten und prächtigsten Großartigkeit“

In Florenz wird man unaufhörlich von der Vergangenheit eingeholt, ohne daß man deshalb den Sinn für die Gegenwart verliert. Die Geschichte wirkt hier meinungsbildend in zahlreichen Beispielen fort. Ihre Wurzeln können manchmal ein halbes Jahrtausend und dann wieder nur zwei, drei Generationen weit zurückliegen. Und immer gibt es da noch eine Kulisse, die uns an die Ereignisse erinnert, aus denen eine Geschichte entsteht. Ein spätes Frühstück in den „Giubbe Rosse“ – wo vor dem Ersten Weltkrieg Italiens Kunstschlachten geschlagen und hochfliegende Pläne geboren und in erbitterten Diskussionen wieder begraben wurden – beweist freilich auch die Nutzlosigkeit, solche Schauplätze mitunter anders als nur im Gedächtnis restaurieren zu wollen. Heute wird hier an der Piazza della Repubblica das, was früher einmal als Sakrileg gegolten haben würde, mit der größten Selbstverständlichkeit angeboten, nämlich ein „American breakfast“, beiläufige Schnellbedienung und Massenabfertigung erschöpfter Touristen. Und wo einst Italiens hoffnungsvollste Künstler den von ihnen beschlossenen Untergang der alten, angeblich unbrauchbar gewordenen Kultur feierten und ihre erhitzten Köpfe über revolutionäre Manifeste beugten, flimmert heute eine grelle Leuchtschrift und weist den Weg in ein Allerweltsrestaurant, an dem nur noch die schönen großen roten Bögen und natürlich die nach wie vor unvermeidlichen roten Jacken der Kellner an eine größere Vergangenheit erinnern.

Ich weiß noch, wie ich – als ich einmal für einige Tage in einem Hotel an der Piazza Santa Maria Novella wohnte – jeden Nachmittag hinüber zum Domplatz ging, zuerst an den gutmütig, fast mütterlich wirkenden Hürchen an der Ecke der Piazza und der Via del Sole vorbei, dann, weil ich immer diesen Umweg wählte, um den ehrfurchteinflößenden, sandsteinfarbenen Kolossalbau des Palazzo Strozzi vor mir wie ein Denkmal

Fiesole; vorne rechts das römische Amphietheater

BANCA NAZIONALE DEL LAVOR
FIAT Uno!
BANCA NAZIONALE DELLE COMUNICAZIONI
LLOYD ADRIATICO ASSICURAZIONI

der Renaissance in die Höhe steigen zu sehen, die Via del Sole entlang und über die Via Strozzi zur Piazza della Repubblica kommend, wo ich nach einigem Umherschlendern ins „Giubbe Rosse“ ging und mir vorzustellen versuchte, wie aus den Künstlern, die in diesem Kaffeehaus einst die Moderne gleichsam mit wütendem Tonfall eingeläutet hatten, allmählich reaktionäre vaterländische Propagandisten wurden, mit denen Mussolini freundschaftlichen Umgang pflegen durfte. Und während ich diesen eher trübsinnigen Gedanken nachhing, drängten sich Schwärme von amerikanischen, englischen und deutschen Touristen ins Lokal, dessen große kunst- und kulturhistorische Vergangenheit jetzt plötzlich keine Bedeutung mehr hatte, weil kaum einer der Touristen auf den Spuren der Futuristen und Abstrakten und Bilderstürmer von ehedem unterwegs war. Alle diese – heute vielfach vergessenen – Maler, Bildhauer, Literaten und Kunsttheoretiker hatten hier ihre großen Auftritte gehabt, von denen die meisten ohnedies in den „Giubbe Rosse“ stattfanden oder von hier ihren Ausgang nahmen. Dann war die Zeit darüber hinweggegangen. Und heute braucht es schon einige Mühe, um sich von einer in diesem besonderen Fall noch gar nicht so weit zurückliegenden Vergangenheit wieder einholen und womöglich auch verzaubern zu lassen.

Was übrigens den Palazzo Strozzi angeht, der wie ein Monolith im Häuser- und Gassengewirr zwischen Santa Maria Novella und Domplatz oder Piazza della Repubblica wirkt und der für meinen Geschmack tatsächlich die Krone der sogenannten florentinischen Palastkunst darstellt und überdies das vielleicht schönste und zugleich wuchtigste Beispiel der klassischen florentinischen Renaissance ist, so sollte man sich vielleicht einiges über seine Baugeschichte in Erinnerung rufen, weil man dadurch sogleich wieder tief in den Sog der abenteuerlichen Geschichte dieser Stadt gezogen wird. 1489 kam es bekanntlich zur Grundsteinlegung dieses Handels- und Wohnhauses der Familie Strozzi, wobei Filippo di Matteo Strozzi – eine der edelsten Erscheinungen der Renaissance, ein gebildeter Mann, der die schönen Künste und mit ihnen die Künstler förderte und der

Blick vom Dom auf die Piazza della Repubblica

in sich viele jener Tugenden vereinigte, die florentinische Handels- und Bankherren zu wahrhaftig uneigennützigen Mäzenen werden ließen –, wobei Filippo Strozzi also, der erst rund zwei Jahrzehnte zuvor aus der Verbannung hatte zurückkehren dürfen, einerseits einen prachtvollen, den Reichtum seiner Familie dokumentierenden Palast erbauen, andererseits aber nicht den Neid vor allem der herrschenden Medici hervorrufen wollte. Man erzählt sich, daß Strozzi, der 1491 starb, überall in Florenz die beengenden Wohnverhältnisse beklagte, unter denen seine Familie zu leiden hätte. Aber daß er nur dann an den Bau eines neuen, größeren Palastes – dessen ebenso kostspielige wie prachtvolle Pläne, von Benedetto da Maiano gezeichnet, längst vorlagen – denken könne, wenn er das ganze Erdgeschoß für Verkaufskontore und Geschäftsläden freihalte, um dadurch wenigstens einen Teil der horrenden Baukosten hereinzubekommen.

Diese List, diese vorgetäuschte Sparsamkeit auf Kosten einer perfekten Bauausführung hatte Erfolg. Denn Lorenzo de'Medici, genannt „der Prächtige", ein kunstliebender und allerdings manchmal auch unberechenbarer Charakter, ließ sich die Baupläne zeigen und war dann, wie es Filippo Strozzi wohl erwartet oder erhofft haben dürfte, aufrichtig entsetzt über die vorgetäuschten Absichten, einer großartigen architektonischen Leistung aus materiellen Gründen Schaden zuzufügen. Er dürfe, soll Lorenzo zu Strozzi gesagt haben, diesen herrlichen Bau nicht verunstalten. Übrigens hat dann Filippo Strozzi noch einen weiteren Schritt riskiert. In seinem Testament beauftragte er Lorenzo mit der Fertigstellung des Palastes, eine Geste, die ihre Wirkung auch auf einen Diktator gewiß nicht verfehlte.

Und so entstand mit diesem Palazzo Strozzi in den Jahren zwischen 1489 und 1536 ein vollkommenes Beispiel der florentinischen Renaissance, dessen strenge Linienführung und Wucht heute noch das alte, freilich durch zahlreiche Veränderungen nicht immer glücklich modernisierte Stadtviertel hinter der Piazza della Repubblica beherrscht. Etwas Gebieterisches und Hochmütiges geht von diesem Bauwerk aus, das in seiner unverfälschten Form nur durch eine kluge List ermöglicht werden konnte.

Eine Erfahrung gänzlich anderer Art, was den florentinischen Charakter angeht, darf man dann auf dem Domplatz machen, wo gewiß jedem Besucher der Kathedrale mehr oder minder zufällig die geparkten Rettungswagen auffallen, die gegenüber der Südwand des Doms aufgestellt sind. Das ist eine Einrichtung der Arciconfraternità della Misericordia – allgemein nur Misericordia genannt –, einer seit dem 13. Jahrhundert existierenden Bruderschaft, die damals unter dem Eindruck verheerender Seuchen entstanden ist. Angehörige aller Berufe sind in dieser Bruderschaft vereinigt, die durch die Beiträge ihrer eigenen Mitglieder und gelegentlich auch durch ausgiebig dotierte Legate vermögender Bürger finanziert wird und die nicht nur für den raschen Transport von Verletzten und Kranken sorgt, sondern auch über eigene medizinische Einrichtungen und ärztliches Personal verfügt. Außerdem gehört es zu den vornehmsten Pflichten der „fratelli", wie sie sich selbst bezeichnen, mittellosen Florentinern ein ordentliches Begräbnis zu ermöglichen. Früher einmal kleideten sie sich bei ihrer Arbeit in rote Kapuzenmäntel und waren stets sorgfältig darauf bedacht, ihr Gesicht bei einem Einsatz völlig zu bedecken. Das hatte in jenen Jahrhunderten, als Florenz immer wieder von Seuchen heimgesucht wurde, seine Ursache in der durchaus berechtigten Angst vor Ansteckung. Später wurde ein Ritual daraus. Die Samariter bedienten sich im Sommer weißer und im Winter schwarzer Umhänge, was ihnen fraglos ein recht malerisches Aussehen verliehen haben mag, im Verlauf der Zeit aber einer praktischeren Arbeitskleidung Platz machen mußte. Das Haus, in dem sie jetzt residieren, mag Ende des 15. Jahrhunderts entstanden sein und wurde von der Bruderschaft im Jahre 1567 übernommen. Davor waren die „fratelli" in der benachbarten Loggia del Bigallo etabliert, einem verhältnismäßig kleinen, jedoch hübschen Palast aus der Mitte des Trecento, dessen Loggia eine Madonnenstatue (um 1360) ziert, die heute noch von den Florentinern als wundertätig verehrt wird. Der Anlaß dafür wird wohl darin liegen, daß diese Loggia früher einmal dazu gedient hat, Findelkinder öffentlich zur Adoption auszustellen, was eine recht segensreiche Einrichtung gewesen ist, der die Florentiner immer noch ein liebevolles Andenken bewahren.

Man stolpert in Florenz buchstäblich bei jedem Schritt über eine Erinnerung, die mit Geschichte zu tun hat. Mit einer Geschichte, die sich nicht immer nur auf die Stadt selbst konzentriert, sondern beispielhaft in diesem besonderen Sinne ist, daß man daraus die soziale, politische und kulturelle Entwicklung der Menschen vor allem in den Jahrhunderten, die dem Mittelalter folgten, ablesen kann. Nicht zufällig war einst der Auftrag, den die florentinischen Behörden dem Baumeister Arnolfo di Cambio zur Neuerrichtung der Kathedrale von Santa Reparata erteilten, in die Worte gekleidet: „Mit der höchsten und prächtigsten Großartigkeit, daß Kunst und Macht der Menschen nichts Größeres und nichts Schöneres schaffen können", das gewaltige Werk in Angriff zu nehmen. Etwas vom großartigen, mitunter auch düsteren Stolz, den man sich in mancher Hinsicht bis auf den heutigen Tag bewahrt hat, manifestiert sich in diesen Worten.

Wenn man zum Beispiel – sei es vom Inneren der Kathedrale, sei es von außen – die Domkuppel betrachtet, deren graziöse Anmut verzaubert und die, wenn man Florenz von einem der umliegenden Hügel aus sieht, wie ein rostfarbener Ballon über der Stadt zu schweben scheint, dann sollte man sich auch der gelegentlich abenteuerlichen Umstände entsinnen, unter denen sie entstanden ist. Das florentinische Staatsarchiv enthält eine Reihe von Dokumenten, welche diese Entstehungsgeschichte detailliert erläutern. Denn als sich die Opera dazu entschloß, das längst geplante Vorhaben, die Domkirche durch eine gewaltige Kuppel zu krönen, endlich in die Tat umzusetzen, schrieb man einen Wettbewerb aus, den zwar Filippo Brunelleschi durch sein Modell für sich entscheiden konnte, der aber doch Anlaß für die ungewöhnlichsten Diskussionen bot. Brunelleschi, dessen kühne Vorschläge 1420 akzeptiert wurden, sprach sich für eine Doppelschalen-Kuppel aus, welche eine wesentlich steilere Wölbung hätte haben müssen als jene des Baptisteriums, die bis dahin als ideales Vorbild für solche architektonische Unternehmungen gegolten hatte. Dieser Vorschlag wurde dann unter anderem deshalb von der für den Bau verantwortlichen Wollmacherzunft angenommen, weil Brunelleschi ein einfacheres und dadurch preisgünstigeres Vorgehen beim Bau der Kuppel garantieren konnte. Man würde, so der Baumeister, mit wesentlich weniger und billigeren Gerüsten auskommen, als das bei ähnlichen Vorhaben bisher der Fall gewesen war. Das wiederum erregte den Widerspruch eines der angesehensten Gelehrten jener Zeit, des Mathematikers und Humanisten Giovanni di Gherardo aus Prato, der das Vorhaben Brunelleschis heftig attackierte und diesen als einen Mann von ungewöhnlicher Ignoranz und Überheblichkeit bezeichnete, dessen Pläne, sollten sie realisiert werden, die ganze Kirche in Gefahr bringen würden . . .

Brunelleschis Kuppel wölbt sich immer noch über den Dom und ist heute noch ein signifikantes Wahrzeichen der Stadt, während Giovanni di Gherardo längst in Vergessenheit geraten ist. Allerdings weiß man heute auch so gut wie nichts mehr von den unglaublichen Schwierigkeiten, welche die Errichtung der Kuppel tatsächlich verursachte. Allein für den Transport des Baumaterials in schwindelnde Höhe mußten völlig neue Maschinen konstruiert werden, wobei es vor allem deutsche Handwerker waren, die diese Aufzugmaschinen herstellten. Ein anderes Problem war die durchaus verständliche Angst der Maurer und Steinmetze, welche über einem Abgrund von annähernd hundert Metern Tiefe arbeiten mußten, nur ungenügend oder gar nicht abgesichert, da Brunelleschi auf die üblichen Sicherheitsmaßnahmen verzichtet hatte und dafür eine Art Klettergerüst hatte anbringen lassen, das freilich auch kaum Sicherheit bieten konnte, wenn man bedenkt, daß die Schräge der Kuppel, je höher sie emporwuchs, gefährlich zunahm. Giorgio Vasari schrieb in diesem Zusammenhang: „Es war das Werk nun bereits so hoch emporgewachsen, daß es für einen Mann, welcher sich einmal oben befand, eine große Unbequemlichkeit bedeutete, wieder hinabzusteigen; viel Zeit vertaten die Meister beim Gang zum Essen und Trinken, und großes Ungemach erlitten sie bei der Hitze des Tages. Damals fand Brunelleschi den Ausweg, daß man Wirtschaften in der Kuppel selbst eröffnen sollte, mit Küchenbetrieb und Weinausschank, und so trennte sich niemand von der Arbeit bis zum Sonnenuntergang."

Nicht unerwähnt sollte man auch die manchmal erbitterte Konkurrenz Ghibertis lassen, des anderen Dombaumeisters, der nicht mit heftiger Kritik an den Plänen Brunelleschis sparte. Und auch andere Künstler jener Zeit beteiligten sich an den Auseinandersetzungen, die schließlich sogar auf die am Bau direkt beteiligten Steinmetze übergriffen. Einmal kam es sogar zu einer Arbeitsniederlegung, die Brunelleschi, wie berichtet wird, dadurch umging, daß er lombardische Handwerker nach Florenz holte, die überdies den Vorzug hatten, billiger als die einheimischen Arbeitskräfte zu sein.

Im Jahre 1436 wurde die Kuppel geschlossen. Papst Eugen IV. nahm am 25. März 1436 die Einweihung des Kircheninneren vor. Lediglich die Laterne an der Kuppel fehlte damals noch, an deren Fertigstellung allerdings nur mit großer Verzögerung gearbeitet werden konnte, da 1439 Florenz der Schauplatz eines Konzils war, durch das man der Trennung begegnen wollte, welche die byzantinische und die römische Kirche entzweite und Byzanz politisch gefährdete, das zu jener Zeit schon von den unaufhaltsam vorrückenden Türken bedrängt wurde. Jedenfalls konnte die prachtvolle Laterne erst 1461, und zwar unter Michelozzo, vollendet werden. Die Kugel, die sie krönt, stammt von Verrocchio und entstand in dreijähriger Arbeit zwischen 1468 und 1471.

Überall in Florenz weht einen Vergangenes an, das auf irgendeine Weise mit Santa Maria del Fiore zu tun hat. Da floß einmal eine Nacht lang rauschend der Regen über die Stadt hinweg. Am frühen Morgen dann war der Himmel wie mit verschmutzten Vorhängen bezogen. Dazwischen etwas Blau, stumpffarben zuerst und später aufblitzend wie ein Messer, auf das ein Sonnenstrahl fällt. Und beschwingt flogen die Wolken über die Dächer dahin, aus denen zuweilen noch etwas Sprühregen fiel, bis es schließlich gänzlich aufklarte. Der Wind blies. Die engen Gassen zwischen der Via de'Calzaiuoli und der Via del Proconsolo waren immer noch fast menschenleer. Nur ein orangefarbener Bus, aus der Orivolo kommend, hielt mit kreischenden Bremsen vor dem Semafor, der die Einfahrt zur Piazza del Duomo regelte. Und ich ging gerade die Via del Proconsolo hinunter in Richtung Piazza Firenze und Badia, Bargello und sah die nächtliche Nässe noch an den dunklen Quadern des Palazzo Pazzi glänzen, heute Sitz einer Versicherungsgesellschaft und einst das Wohnhaus einer der vornehmsten und einflußreichsten Florentiner Familien, um 1430 von Brunelleschi konzipiert, dann von Giuliano da Maiano erbaut, und zwar für jenen Jacopo de'Pazzi, der einer der Urheber der sogenannten Pazzi-Verschwörung gewesen war, die gegen die Medici gerichtet und deren düsterer Höhepunkt dann jenes Attentat im Dom war, das dem Bruder des regierenden Lorenzo de'Medici, Giuliano, das Leben kostete.

Lorenzo konnte sich an jenem 26. April, als die Verschwörer während des feierlichen Hochamtes losschlugen, gerade noch durch eine schwere Bronzetür in die nördliche Sakristei retten. Damit war die Verschwörung gescheitert. „Der alte Jacopo de'Pazzi aber verfluchte die Stümper, die ihn in die hoffnungslose Lage gebracht hatten, und Gott, der das zugelassen hatte. Er floh in ein nahes Bergdorf. Dort ergriffen ihn die Bauern, schleppten ihn in die Stadt zurück und ließen ihn hängen. Seine Leiche wurde zunächst in der Pazzi-Kapelle in Santa Croce beigesetzt, aber als die Regierung erfuhr, was für einen Strom von Verwünschungen der Tote in seiner Wut und Verzweiflung ausgestoßen hatte, während man ihm die Schlinge um den Hals legte, befahl sie entsetzt, den Körper zu exhumieren und außerhalb der Stadtmauern zu verscharren. Auch dort wurde er nochmals ausgegraben und an dem Strick, den er noch um den Hals trug, vor die Häuser der Pazzi und ihrer Anhänger geschleift. Die übel zugerichteten Reste des Leichnams wurden zuletzt in den Arno gekippt und von der rachgierigen Menge am Ufer mit Dreck beworfen.“ (James Cleugh) So endete also der ehrgeizige und glücklose Bauherr jenes Palazzo in der Via del Proconsolo, an dessen Gestaltung einst unter anderen auch Donatello mitgearbeitet hatte.

Gänzlich andersgeartete Erinnerungen mag man angesichts des Palazzo Arcivescovado am Domplatz haben, der unter diesem Namen freilich ziemlich unbekannt sein dürfte. Es handelt sich dabei um den Erzbischöflichen Palast gegenüber dem Baptisterium, der 1582 für den Kardinal Alessandro Medici erbaut wurde, für einen Medici also, welcher später – wie manche seiner berühmteren Vorfahren – das höchste Amt in der römischen Kirche einnehmen und als Papst Leo XI. über die Christenheit herrschen durfte, ohne daß er dadurch besonderen Ruhm hätte erwerben können. Heute erinnert nur noch das Papstwappen an der nördlichen Außenfassade an den glanzvollen Aufstieg dieses Mannes. Was den Palast angeht, so dürfte er früher einmal einen recht pittoresken Anblick geboten haben, bis er schließlich 1895 aus verkehrstechnischen Gründen abgerissen, um rund fünfzig Meter zurückversetzt und neu aufgebaut wurde, was den zahllosen Touristen, die in der Regel mit dem Rücken zum Erzbischöflichen Palast das Baptisterium, den Campanile und Brunelleschis Domkuppel bewundern, wahrscheinlich im höchsten Maße gleichgültig ist.

Dafür kann man vor dem Südportal des Palastes nur damit rechnen, eines der in Florenz eher raren Taxis habhaft zu werden. Diesen Umstand sollte man im Gedächtnis bewahren, denn manchmal kann sich die Suche nach einem freien Taxi bis zum Hauptbahnhof erstrecken, wo man zu gewissen Stoßzeiten allerdings gleichfalls mit längeren Wartezeiten rechnen muß.

Piazza della Signoria

Seit mehr als siebzig Jahren, nämlich seit 1912, versuchen die Archäologen, etwas über die Anfänge des Baptisteriums in Erfahrung zu bringen. Aber mit einiger Sicherheit weiß man bis heute nur, daß wahrscheinlich im 6. Jahrhundert ein wesentlich kleinerer Vorläuferbau der heutigen Taufkirche existierte, der auf einer germanischen Begräbnisanlage und auf älteren spätantiken Wohnbauten gründete. Eine urkundliche Erwähnung dieses ersten Baptisteriums, von dem manche Autoren meinen, es wäre jenem der Arianer in Ravenna ähnlich gewesen, findet sich erst im Jahre 897. Und um das Jahr 1060 ist eine Grundsteinweihe durch Papst Nikolaus II. für die heutige Taufkirche San Giovanni bezeugt, was allerdings noch nichts über das genaue Entstehungsdatum aussagt. Dokumentarisch wenig abgesicherte Vermutungen gehen dahin, daß jener erstaunliche Bischof Hildebrand, welcher in gewisser Hinsicht auch für die Existenz von San Miniato verantwortlich gewesen sein könnte, entscheidenden Einfluß auf die Errichtung und Erweiterung des Baptisteriums gehabt haben dürfte. Gewiß ist allerdings nur, daß die Taufkirche, wie wir sie heute vor uns sehen, irgendwann in der zweiten Hälfte des 11. Jahrhunderts entstanden ist, wobei man vermuten kann, daß um den vergleichsweise winzigen Vorgängerbau herum das Oktogon des neuen Baptisteriums entstanden ist. Auch was die Kuppel dieser Kirche angeht, deren Doppelschalenkonstruktion für Brunelleschi und später auch für Michelangelo bei dessen Kuppel des römischen Petersdoms als Vorbild diente, so dürfte sie um das Jahr 1150 fertiggestellt worden sein.

Ähnlich ungewiß und ungenau sind die Angaben über die Entstehung des einzigartigen Kuppelmosaiks im Inneren der Kirche. Eine auf das Jahr 1225 datierte Inschrift nennt einen gewissen Jacopo, der als Franziskaner ausgewiesen wird, als den Schöpfer der ältesten Mosaiken, was aber aus verschiedenen Gründen wenig wahrscheinlich anmutet. Unter anderem muß man sich vergegenwärtigen, daß erst 1228 die Heiligsprechung des Franz von Assisi stattfand, was das Auftreten eines Franziskaners in einer immerhin bedeutenden Funktion drei Jahre zuvor in Florenz als wenig glaubhaft erscheinen läßt. Nur soviel ist sicher, daß dieses gewaltige Werk, das in seiner dekorativen Wirkung wohl nur noch von den venezianischen Mosaiken in San Marco in der Lagunenstadt übertroffen wird, in den zwanziger Jahren des 13. Jahrhunderts begonnen wurde, um 1300 weit fortgeschritten war, aber noch das ganze Quattrocento hindurch seiner Vollendung entgegenstrebte. Einige der Bildfolgen werden Cimabue zugeschrieben (1240–1302), dem Lehrer Giottos, ohne daß aber auch darüber völlige Übereinstimmung besteht.

Einen interessanten Hinweis auf die Baugeschichte von San Giovanni kann man einer Petition vom Juni 1296 entnehmen, als die Bürgerschaft an die Behörden von Florenz das Ersuchen richtete, einige Häuser abzureißen, welche damals noch zwischen Baptisterium und Dom standen. Übrigens findet sich auch der Name Dantes, der zu jener Zeit noch eine wichtige Rolle im politischen Leben der Stadt spielte, unter den Bittstellern, die in wohlaufgesetzter Rede daran erinnern, daß „die Straße zwischen der Kirche Santa Reparata und San Giovanni zu eng und daher nicht in der Lage ist, größere Menschenmengen aufzunehmen, woher die Leute zu den Zeiten, da auf diesem Platz Predigten gehalten werden, sich nicht in angemessener Weise versammeln können. So bitten wir die interessierten Stellen, zu genehmigen, daß der Platz auf folgende Weise vergrößert werden möge: Man reiße das Hospital von San Giovanni ab und entferne es an irgendeine der Ausfallstraßen der Stadt. Auch mögen die Herren Stadtväter Sorge dafür tragen, daß die Hausbesitzer am Domplatz gezwungen werden können, ihre Häuser entsprechend würdig zu gestalten . . .“

Dieser Text, der uns immerhin eine gute Vorstellung von der Gesinnung florentinischer Bürger im 13. Jahrhundert erlaubt, erzielte durchaus die gewünschte Wirkung. Das Hospital, von dem wir weiter nichts wissen, wurde gemeinsam mit etlichen anderen Häusern abgerissen. Auf diese Weise entstand der kleine Platz zwischen Dom und Baptisterium, der heute den zahlreichen Tauben und Touristen Gelegenheit gibt, sich zwischen diesen beiden berühmtesten sakralen Bauwerken von Florenz ungehindert zu bewegen.

Häuser oder eigentlich ganze Häuserzeilen wurden auch beim Bau eines anderen dekorativen Wahrzeichens der Stadt niedergerissen, was den Florentinern vor allem im 13. und 14. Jahrhundert fast zur Gewohnheit wurde, als sie neben dem Neubau des Doms auch das weltliche Zentrum ihrer Stadt einzurichten begannen, nämlich die Piazza della Signoria mit dem Palazzo Vecchio. Man sollte in diesem Zusammenhang allerdings einiges über die politische Ordnung im ausgehenden 13. Jahrhundert wissen, da erst die Kenntnis der Geschichte eine ungefähre Vorstellung davon liefert, wie dieses monumentale Bauwerk – und der Palazzo Vecchio ist zweifellos eine der eindrucksvollsten und zugleich schönsten mittelalterlichen Stadtburgen Italiens – entstehen konnte.

Giovanni Villani, der bedeutende Chronist des 14. Jahrhunderts, erzählt in seiner Geschichte aus eigener Anschauung vom Beginn der Bauarbeiten. „In diesem Jahr 1298 begann man den Priorenpalast für Gemeinde und Volk zu bauen“, schreibt er; und begründet dann die wesentlichen Voraussetzungen, denn „es erwies sich wegen der Umwälzungen als notwendig, welche zwischen Volk und großen Familien begonnen hatten, und auch deshalb, weil das umliegende Land in Eifersucht und Aufruhr war wegen der Beschränkung des Priorenamtes auf zwei Monate . . .“

Die Prioren, welche damals im ausgehenden 13. Jahrhundert tatsächlich nur für jeweils zwei Monate in ihr wichtiges und einflußreiches Amt gewählt wurden, residierten in der Regel in einem Palazzo hinter der Kirche San Proconsolo. Und weil die politischen Verhältnisse im mittelalterlichen Florenz alles andere als sicher waren, schien auch ihre Existenz immer wieder gefährdet, was mit dem unheilvollen Parteienstreit zwischen den kaisertreuen Ghibellinen und den Guelfen, die sich an der Kirche orientierten, zu tun hatte. Erstmals erhoben sich die unglücklichen Florentiner, die unter dieser permanenten Auseinandersetzung zwischen den wichtigsten florentinischen Familien außerordentlich zu leiden hatten, im Jahre 1250, als es zu jener großen Volkserhebung kam, welche die politische Macht in Florenz vorübergehend in die Hände der sogenannten Popolani legte. Es war das ein erster früher Versuch einer Demokratisierung, der übrigens auch eine Änderung des Stadtwappens mit sich brachte. Denn hatte dieses Wappen bis 1250 eine weiße Lilie auf rotem Feld gezeigt, so wurden die Farben nun praktisch ausgewechselt. Die Lilie wurde rot; und das Feld, in welchem sie stand, weiß. Daran hat sich bis auf den heutigen Tag nichts geändert.

1252 begann die Regierung der Popolani damit – deren Sitzungen im ehemaligen Palazzo del Podestà, dem heutigen Bargello, oder in einer Kirche in der Via Por'Santa Maria abgehalten wurden, während die alljährlich stattfindende Vollversammlung des Volkes zuerst im Baptisterium und später in der Bischofskirche Santa Reparata, also in der Vorläuferin des heutigen Doms, stattfand –, 1252 also begann die Regierung damit, eine eigene Goldmünze zu prägen. Es war das der Florin, der sich in verschiedenen Formen bis ins 19. Jahrhundert hinein behauptete, etwa als Gulden in Nordeuropa und in Österreich. Florenz darf in der Tat den Ruhm für sich in Anspruch nehmen, die erste Stadt Europas gewesen zu sein, die diese Form der monetären Selbstbehauptung in der Praxis verwirklichte. Das führte wiederum dazu, daß alle wesentlichen Fachausdrücke des Geldwesens florentinischen Ursprungs sind, so etwa die Begriffe „Debet", „Kredit", „Bank" oder „Kassa", ein Umstand, der einerseits Florenz seit dem ausgehenden Mittelalter zur führenden Geldstadt des Kontinents machte, andererseits jedoch nicht verhindern konnte, daß die Stadt, deren Bankiers Europas Könige und Fürsten finanzierten, häufig in peinliche Geldverlegenheit kam und oft nicht imstande war, ihren materiellen Verpflichtungen gegenüber den eigenen Bürgern nachzukommen.

Die Popolani, die sich mit den Guelfen zu einer Art Allianz

der Vernunft zusammengeschlossen hatten, mußten freilich bereits zehn Jahre nach ihrem Triumph über die Ghibellinen deren Rückkehr in die Stadt erdulden. Wieder kam es zu blutigen Kämpfen zwischen den Kaiserlichen und den Päpstlichen, wieder war das Leben in Florenz durch Scharmützel und Kleinkriege zwischen den miteinander hoffnungslos verfeindeten großen Familien gekennzeichnet; und die ersten Gehversuche einer frühen Form der Demokratie endeten in einem hoffnungslos scheinenden Chaos.

Überhaupt sollte man sich – unterwegs in Florenz auf den Spuren bedeutender Künstler und großherziger Mäzene – keinen übertriebenen Illusionen hingeben, was die politische Vernunft angeht, die nach Meinung mancher Autoren gerade in dieser Stadt immer schon beheimatet gewesen sei. Giovanni Villani notierte einmal über die Ereignisse in seiner Heimatstadt: „Wir befinden uns jetzt unter der Herrschaft der Handwerker und des popolo minuto. Ich bete zu Gott, daß dies der Republik zum Wohl gereichen wird. Aber ich fürchte, das Gegenteil wird geschehen; wegen unserer Sünden und Schwächen, weil es unseren Bürgern an Liebe und Güte mangelt, und weil unsere Herrscher weiterhin die verfluchte Praxis verfolgen werden, das eine zu versprechen und das andere zu tun."

Villani bezog sich hier auf das Jahr 1343, als wieder einmal schwere politische Erschütterungen jede Ordnung zu zerstören drohten. Genau 45 Jahre zuvor hatte man mit dem Bau des Palazzo dei Priori begonnen, als die ghibellinische Gefahr endgültig gebannt und die Macht der Guelfenpartei ungefährdet schien. Die jahrzehntelangen Auseinandersetzungen zwischen den führenden Familien hatte allerdings auch der politischen Emanzipation der Zünfte genützt, welche immer wieder – vor allem gegen die Ghibellinen – revoltierten und schließlich eine neue Verfassung durchsetzten, welche die Prioren zu den eigentlichen Machthabern in der Stadt avancieren ließ. Diese Männer, sechs an der Zahl und von den sieben wichtigsten Zünften nominiert, lebten während ihrer Regierungszeit, die auf jeweils zwei Monate beschränkt blieb, gleichsam wie in Klausur;

zuerst im Torre della Castagna neben der Badia – der in seiner weitgehend unveränderten Form noch erhalten ist –, um dann in den Palazzo dei Priori überzuwechseln, mit dessen Bau 1298 begonnen wurde, angeblich unter der Bauleitung Arnolfo di Cambios, was freilich nur eine Vermutung ist. Was den ursprünglichen Namen des Palazzo Vecchio angeht, der 1314 fertiggestellt war und mit dessen umfassender Neugestaltung dann Giorgio Vasari betraut wurde, während Bernardo Buontalenti Ende des 16. Jahrhunderts nur noch einige kleine Umbauten vornahm, so war der zur Festung ausgebaute Palast tatsächlich als Sitz des obersten Magistrats der florentinischen Republik gedacht. Die jeweils erwählten Prioren lebten und schliefen während der Zeit ihrer Amtstätigkeit in einem gemeinsamen Raum des 2. Stockwerks, bewacht von annähernd hundert Soldaten, die jeden Schritt, jede Geste, jedes Räuspern der Würdenträger aufmerksam beobachteten. Dazu kamen noch sechs „berrovieri", also besonders ausgesuchte Diener, die wir uns jedoch eher als besonders gut ausgebildete Spione vorstellen sollten, die jeden Kontakt zwischen den Prioren und der Öffentlichkeit zu kontrollieren oder am besten überhaupt zu unterbinden hatten. Für die Erledigung unerläßlicher privater Botschaften stand jedem Prior ein Bote zur Verfügung, dessen vordringlichste Aufgabe es naturgemäß war, alle Botschaften der Prioren – auch die intimsten – zuerst einmal dem „Rat der Hundert" vorzulegen, der im ersten Stockwerk des Palastes sein Domizil aufgeschlagen hatte, während der „Bürgerrat", der aus dreihundert Mitgliedern bestand, zu ebener Erde seine Sitzungen abhielt.

Das alles wurde nicht nur durch eine Unzahl von Sbirren, Söldnern und bewaffneten Bediensteten überwacht, die sowohl die verschiedenen Würdenträger als auch einander ausgiebig bespitzelten, sondern erhielt durch ein Löwenpaar eine besondere Nuance, welches gegenüber dem Palazzo dei Priori gehalten wurde – etwa dort, wo sich heute das Hauptgebäude der Uffizien befindet und die Via dei Leoni erinnert noch an diesen etwas sonderbaren Umstand –, denn die Florentiner sagten sich wohl mit Recht, daß die Errichtung von vier Marmorlöwen, welche an den Ecken des oberen Laufgangs aufgestellt wurden, kaum jenen Respekt zu erzeugen vermöchten, die ein lebendes, fauchendes, zähnefletschendes Löwenpaar verursachte. Man war zwar durchaus für demokratische Zustände. Aber die Art und Weise, wie man diese früheste Form der florentinischen Demokratie absicherte, verriet eine erstaunliche Erfahrung im Umgang mit diktatorischen Methoden.

Jener Mann, der den Palazzo dei Priori zu einer Festung ausbauen ließ, so daß man heute noch den Palazzo Vecchio nicht anders als eine Burg ansehen muß, als düsteres Bollwerk der Obrigkeit gegen ein aufsässiges Bürgertum, war ein gewisser Walter von Brienne, auch Herzog von Athen genannt, welchen eindrucksvollen Titel sich der gebürtige Franzose als grausamer, jedoch erfolgreicher Condottiere hatte erwerben können. Walter von Brienne hatte eine Zeitlang als Kapitän der florentinischen Truppen einige aufsehenerregende Erfolge erzielen können, bis er schließlich von einigen Repräsentanten einflußreicher Familien – die der zwar demokratischen, aber reichlich chaotischen Verhältnisse in ihrer Stadt überdrüssig geworden waren – dazu gedrängt wurde, die Herrschaft über Florenz an sich zu reißen.

Man kann sich unschwer vorstellen, daß der Condottiere dieser Aufforderung mit außerordentlichem Vergnügen gehorchte, zumal auch das Volk begeistert nach der Inthronisation eines sogenannten starken Mannes verlangte. Man war in jenem Jahr 1342, da sich alle diese Ereignisse abspielten, wieder einmal der demokratischen Verhältnisse überdrüssig geworden, fürchtete auch den wachsenden Einfluß einiger der führenden Familien, welche imstande gewesen waren, ungeachtet der unsicheren Zeitläufte ein beachtliches Vermögen anzuhäufen, und die nun, abgesichert durch einen soliden materiellen Hintergrund, auch politische Ansprüche stellten. James Cleugh charakterisiert in seinem Buch über die Medici die Situation jener Jahre, wenn er schreibt: „Die Zukunft von Florenz sollte ebenso unruhig werden wie seine Vergangenheit. Trotzdem wurde der Geist der

Stadt nicht ausschließlich von Klassenhaß und persönlichem Ehrgeiz, von Gesetzlosigkeit und Mißtrauen beseelt. Neben den Schrecken wieder aufflammender Bürgerkriege, brennender Häuser, kreischender Frauen und zertrampelter Leichen in den Gassen und auf der Piazza della Signoria gab es jene aus Urteilskraft und Phantasie erwachsenen Antriebe, jene intellektuelle Neugier und Weitsicht, die zu den ständigen politischen Experimenten mit beigetragen hatten."

Ein politisches Experiment war das Abenteuer mit Walter von Brienne tatsächlich. Denn der ehrgeizige und freilich mehr noch skrupellose Herzog von Athen, der sich zuerst bei den Franziskanern in Santa Croce eingerichtet hatte, übernahm mit der ungeteilten Macht über die Stadt nunmehr auch den Palazzo dei Priori. Dabei verjagte er – dem man zuerst die Schirmherrschaft für ein Jahr anbieten wollte und der selbst allerdings weitreichendere Pläne hatte – die gewählten Prioren und Beamten aus dem Palast, den er innerhalb kurzer Zeit in eine fast uneinnehmbare Festung verwandelte. Außerdem ließ er zahlreiche Häuser in der nächsten Umgebung des Palastes abreißen, was weniger auf das architektonische Verständnis des Condottiere als auf dessen Wunsch zurückzuführen war, ein freies Vorfeld zu haben, um bei möglichen kriegerischen Ereignissen seine Truppen ungehindert agieren zu lassen. Diese strategische Überlegung, welche die Florentiner erschreckte und empörte, nützte vor allem der Weitläufigkeit und Schönheit der Piazza della Signoria, die bis dahin ein eher dürftiger, unansehnlicher Platz gewesen war.

Was das persönliche Schicksal des neuen Machthabers anging, so machte er sich innerhalb kurzer Zeit durch seine gewalttätige Politik, durch seine unbekümmerte Grausamkeit und durch die Maßlosigkeit seiner Vorhaben bald so viele Feinde, daß sich die Bürger der Stadt schon im Juli 1343 gegen ihn stellten, ihn und seine Anhänger im Palast belagerten und schließlich, nachdem er sich nach kurzem Kampf ergeben mußte, mit Schimpf und Schande davonjagten. Übrigens gehörte der provisorischen Regierung, die unmittelbar nach diesen dramatischen Ereignissen eingesetzt wurde, auch ein gewisser Francesco de'Medici an. Man setzte die alte republikanische Verfassung wieder in Kraft und einigte sich auf eine Reihe von demokratischen Maßnahmen, die allerdings den einflußreichen Familien nicht behagten. Es kam zu neuerlichen Tumulten und Straßenkämpfen, in deren Verlauf mehr als zwanzig Adelspaläste niedergebrannt und nach deren Beendigung zahlreiche Adelige aus der Stadt verbannt wurden.

An das eher ernüchternde Abenteuer mit Walter von Brienne erinnert heute noch ein Fresko aus dem 14. Jahrhundert, welches sich im Palazzo Vecchio befindet und das die Vertreibung des Tyrannen aus dem Palast zeigt. Es soll sich dabei um die älteste Darstellung des Palazzo Vecchio handeln, der zu jener Zeit, als dieses Fresko entstand, noch Priorenpalast genannt wurde. Später wurde daraus der Palazzo della Signoria, dann der Palazzo del Popolo und schließlich, 1537, als Cosimo I. regierte, der Palazzo Ducale. Erst im Jahre 1565, als der Regierungssitz in den Palazzo Pitti verlegt wurde und ein Korridor, der über den Ponte Vecchio verlief, die beiden Paläste miteinander verband, erhielt die alte Stadtfestung ihren heutigen, längst volkstümlich gewordenen Namen: Palazzo Vecchio.

Kunst und kollektive Raserei

Es gibt viele Möglichkeiten, den Zauber der Piazza della Signoria, des Palazzo Vecchio und der alten Quartiere im Schatten dieser Festung zu erkunden; oder überhaupt erst einmal zu begreifen, daß ein Zauber über allen diesen Dingen liegt.

Stendhal beschrieb einst den unmerklich aufgehenden Mond, der große Schatten auf den Platz und den Palast zu werfen und die Säulengänge der Uffizien „mit dem Zauber des Geheimnisvollen zu umkleiden begann", was die Erinnerung an die zahllosen blutigen Tragödien nicht verhindern konnte, die sich hier abgespielt hatten. Es gibt auch Augenblicke, in denen man immer noch jener verhängnisvollen Einbildung erliegen kann, in welcher die geschundenen Leichen zu Tode gemarterter Verschwörer von der Außenwand des Palazzo Vecchio herabbaumeln; oder man glaubt den Widerschein der Flammen zu sehen, in denen Savonarolas Körper zu Asche verglühte. Oder da man, während man die Augen vor der grellen Sonne schützend schließt, noch einmal zu erkennen vermeint, wie eine aufgebrachte Menschenmenge zwei Freunde des verhaßten Herzogs von Athen – die dieser, der sich im Palast verbarg, der Wut des Volkes opferte – buchstäblich in Stücke rissen. Es waren Vater und Sohn, die Walter von Brienne, der sich dadurch zu retten hoffte, gewaltsam auf den Platz hinaustreiben ließ. Giovanni Villani, der Augenzeuge des nun folgenden schrecklichen Schauspiels war, schilderte die Szenen, in denen sich die enthemmten Florentiner im Sommer 1343 wie Tiere aufführten: „Die Menschen hieben auf den Jungen ein, rissen ihm die Glieder vom Leib und hackten ihn in kleine Stückchen. Da dies geschehen war, stieß man auch den Vater hinaus, und es wurde ihm das gleiche angetan. Hier war einer, der ein Stück von ihm auf dem Spieße, dort einer, der es auf dem Schwert durch die ganze Stadt trug. Es waren da so grausame und von tierischer Wut erfüllte Menschen, daß sie das Fleisch der beiden Unglücklichen roh verschlangen. Und merke auf: Wer grausam handelt, muß grausam sterben."

Grausam ist oft gehandelt worden in Florenz; auch und gerade hier auf diesem Platz und in diesem Palast, dessen manchmal honigfarbenes und manchmal erdbraunes Gemäuer wie eine geheimnisvolle Metapher himmelwärts ragt. Das Jahr über, wenn die Besucher zu Tausenden auf die Piazza della Signoria strömen und sie gänzlich in Besitz nehmen, daß man meinen möchte, selbst ein Ohnmächtiger könne nicht mehr zu Boden sinken, weil ihn die schiebende und stoßende Menschenmenge aufrecht mit sich fortschleppt, das Jahr über ist freilich von Zauber und Geheimnis nur wenig zu spüren. Man muß nachts oder im Winter auf die Piazza della Signoria kommen, an Tagen, an denen der eisige Bergwind wütet, der Tramontana, der den Himmel leerfegt, dessen glänzender Widerschein das Pflaster des Platzes erzittern läßt, Wellen von kaltem, mitleidlosem Licht über die großen, von Millionen Schritten abgeschliffenen Platten werfend, die man zuerst um das Jahr 1330 hier verlegt hat, als den Florentinern der Staub, den die Hufe der Pferde aufwirbelten, zu lästig geworden war. Übrigens war diese Arbeit, also die Pflasterung der Piazza della Signoria, der Dombauhütte übertragen worden, aus Gründen, die wir heute nicht mehr kennen.

Ein anderes Bauwerk, das den ganzen Platz schmückte und einst viel beredet und bewundert wurde, ein sogenannter Rialto, eine Brücke, die hinüber zur Loggia dei Lanzi führte und die 1491 errichtet worden war, existiert schon lange nicht mehr. Die Entfernung dieses Rialto hatte wieder einmal politische Ursachen, hatte mit dem Haß der Florentiner auf die Medici zu tun; denn immer dann, wenn diese mächtige, einflußreiche Familie, die über so viele Generationen hinweg das Schicksal von Florenz bestimmt hat, in die Verbannung geschickt wurde, mußten auch alle anderen Erinnerungen an die Medici verschwinden. Jeder politische Umsturz hatte hier also auch die Zerstörung oder Entfernung von Bau- und Kunstwerken zur Folge. Es war das ein hemmungsloses Wüten, das gegen alle Vernunft gerichtet war. Derlei überrascht besonders in einer Stadt, von der doch hartnäckig behauptet wird, daß sie der Vernunft, der politischen wie kulturellen, stets verpflichtet gewesen sei; und daß in ihr wie kaum in einer anderen italienischen Stadt die Intelligenz jener dominierende Faktor sei, dem alles andere – vor allem die Emotionen – zu gehorchen habe.

Dabei hatte gerade das Verrückte, das gegen alle menschliche Vernunft Gerichtete hier erstaunlich oft Methode. Man war ebenso imstande, das Ungewöhnliche zu tun, wie dem Gewöhnlichen sich auf eine Weise hinzugeben, die heute noch erschrekkend anmutet. Florenz war mindestens zwei Jahrhunderte lang eine Kunststadt von so außerordentlichem Rang, daß ganz Europa davon profitieren konnte; und daß man Florenz heute noch als Schauplatz der schönen Künste begreift, als eine Metropole des Geistes und nicht des niederträchtigsten Hasses und grauenhafter Geschehnisse. Aber länger, heftiger noch als der Kunst gab man sich hier tatsächlich einer Art von Barbarei hin, der etwas Tolldreistes innewohnte. Man braucht sich nur lange und eindringlich genug mit der Piazza della Signoria und den umliegenden Quartieren zu beschäftigen, um der unglaublichen Widersprüche gewahr zu werden, aus denen sich das Bild dieser Stadt zusammensetzt. Was allerdings nichts an der verführerischen Wirkung ändert, die dieses Bild immer noch auszuüben vermag.

Im Februar des Jahres 1497, als die Herrschaft des fanatischen Mönches Savonarola über die Stadt ihren Höhepunkt erreicht hatte – zu seinen Predigten im Dom, in denen er die Lebenslust der Florentiner geißelte, strömten Tausende –, schleppte sich eine merkwürdige Prozession zur Piazza della Signoria. Bürger aller Gesellschaftsschichten, vornehme Damen und Kaufleute und Handwerker und auch der zerlumpte Pöbel aus den Vorstädten, beladen mit Geräten aller Art, drängten sich zu einem Baum, der in der Mitte des Platzes aufgestellt war. Und dort häufte sich dann alles, was kostbar war, zu einem gewaltigen Scheiterhaufen. Kunstwerke, Kleider, Musikinstrumente, Schmuck . . . alles, was Savonarola als unnütz und frevelhafte Herausforderung an Gott bezeichnet hatte, wurde an die dürren Äste dieses Baumes gehängt und darunter, daneben abgelegt und zu diesem ungewöhnlichen Scheiterhaufen geschichtet, der schließlich – möglicherweise von Savonarola selbst – angezündet wurde. Und die Florentiner – die sich wieder einmal in einen Akt kollektiver Raserei hineingesteigert hatten und einer Stimme gehorchten, welche die menschliche Vernunft als widernatürlich und sündhaft denunzierte – stimmten fromme Gesänge an, während sie auf die hoch auflodernden Flammen blickten, in denen das zugrunde ging, was den Florentinern kostbar und wertvoll gewesen war. Ein Kaufmann aus Venedig hatte zuvor noch versucht, einige von den Kunstwerken zu retten, die nun gleichfalls verbrannten. 20.000 Scudi soll er dafür geboten haben, eine respektable Summe, die aber nicht ausreichte, um die fanatisierten Florentiner umzustimmen.

Nur ein Jahr später verbrannte der Leichnam Savonarolas auf der Piazza della Signoria unweit jener Stelle, wo im Februar 1497 die „schandbaren Beweise menschlicher Eitelkeit und Hoffart" in Flammen aufgegangen waren, wie sich Savonarola in einer seiner wortgewaltigen Predigten ausgedrückt hatte. Entgegen der immer wieder publizierten Meinung, daß der Mönch, der als Politiker so viel erreicht hatte, um dann aufs erbarmungswürdigste zu scheitern, noch am Leben gewesen sei, als man ihn zum Scheiterhaufen führte, war es freilich nur sein Leichnam, der dem Feuer überantwortet wurde. In Florenz pflegte man damals politische Gefangene, die zum Tode verurteilt waren, aufzuhängen. Die ergreifenden Geschichten, in denen vom machtvollen Gesang Savonarolas berichtet wird, als die Flammen schon um sein Gesicht züngelten, gehören in den Bereich der Legende.

Ein kluger Kopf hat einmal gemeint, daß die Geschichte von Florenz ein Beweis dafür sei, daß eine Stadt stets von der Intelligenz ihrer führenden Männer dominiert werde. Das ist ein vernünftiges Wort, das freilich ergänzt werden muß, zumal dann, wenn man sich mit den Geschichten und Legenden der Piazza della Signoria und des Palazzo Vecchio auseinandersetzt.

Ich finde auch, daß Florenz weit mehr als andere vergleichbare Städte Italiens eine Haltung der steingewordenen Nachdenklichkeit einnimmt. Das bedeutet, daß man sich hier zwar der Verrücktheiten bewußt ist, denen man im Verlauf der Jahrhunderte so oft erlegen ist; daß man sie aber für eine Art Voraussetzung dafür hält, daß in dieser Stadt auf engem Raum soviel an Einmaligem geschehen konnte. Das Belanglose, Banale, Beiläufige bewirke nichts. Erst die Summe aller Leidenschaften, welche die Menschen manchmal bis zum Wahnsinn treiben und sie Dinge tun lassen, die gegen die menschliche Natur gerichtet sind, mache die wahre Größe aus.

Ich habe freilich, wenn ich auf der Piazza della Signoria stehe, immer den Eindruck, als laste der aschfarbene Schatten Savonarolas nach wie vor auf Florenz. Und als hätten die Kunstwerke, denen man hier begegnet, nur den einen Zweck, den Betrachter vom Abscheulichen und Tragischen abzulenken, in dessen Dunstkreis diese Kunstwerke entstanden sind.

Dabei ist auch dieses Ablenkungsmanöver wie so vieles in Florenz wiederum nur ein Vorwand für die Entstehung von Kunst oder auch eine Art Rechtfertigung für die intensive Beschäftigung mit dem ästhetisch Vollkommenen. In den Uffizien zum Beispiel wird man mehr als einmal, während man weltberühmte Kunstwerke betrachtet, nahezu gebieterisch vom Sog florentinischer Geschichte eingeholt. Botticellis um 1478 entstandenes Meisterwerk „Primavera“, das dem Anschein nach nichts anderes als eine mythische Liebesgeschichte schildert, berichtet in Wahrheit von tatsächlich stattgefundenen Ereignissen und Personen. Und zwar erinnert dieses Gemälde an ein prachtvolles Turnier, das Lorenzo de’Medici, genannt „il Magnifico“, 1475 veranstaltete und bei welchem sein Bruder Giuliamo de’Medici triumphierte, der sich dabei eine gewisse Simonetta eroberte, eine der bewundernswertesten Damen der florentinischen Gesellschaft jener Zeit. Sie war das bezaubernde Vorbild für die Venus in Botticellis Werk. Allerdings starb sie schon ein Jahr nach dem Turnier an der Schwindsucht. Und zwei Jahre später wurde Giuliamo, der auf Botticellis Bild die Züge des Merkur trägt, anläßlich der Pazzi-Verschwörung im Dom ermordet.

So begreift man allein vor diesem einen Gemälde Sandro Botticellis in den Uffizien das wahre Ausmaß dieses florentinischen Pandämoniums. Das Tragische und die sinnliche Heiterkeit eines Zeitalters, in welchem einige der hinreißendsten Kunstwerke und einige der grausamsten politischen Possen buchstäblich gleichzeitig haben entstehen können, finden hier ihre formvollendete Darstellung.

Sandro Botticelli hat übrigens auch noch in einem anderen Werk, das in den Uffizien ausgestellt ist, der florentinischen Idee auf beispielhafte Weise gehuldigt. Es handelt sich dabei um das Bild „Pallas und der Kentaur“, also um eine Darstellung der athenischen Stadtgöttin, wie sie in ihren beiden bedeutendsten Machtbereichen, der Kunst und der Politik, wirksam ist. Tatsächlich aber hat Botticelli hier mit den Mitteln der Allegorie gearbeitet, um seinem Freund und Gönner Lorenzo de'Medici huldigen zu können. „So wird das Bild zu einer politischen und höfischen Allegorie, die ihren Stoff antikem Mythos entnimmt – eine der ersten in einer langen Reihe solcher Schöpfungen –, aber der Künstler konnte seinen symbolischen Gehalt aufs innigste empfinden, weil er der Wahrheit entsprach, weil die Stadt am Arno in jenen glücklichen Jahren wirklich ein zweites Athen gewesen ist.“ (Eckart Peterich)

Sind also die Uffizien gleichsam die unerläßliche Ergänzung und geistige Komplettierung der Piazza della Signoria? Ist in Florenz die Kunst eine Fortsetzung dessen, was die Politik bewirkt, mit den Mitteln der schöpferischen Inspiration?

Wenn man, vom Ponte Vecchio kommend und dann, nach rechts abbiegend durch einen alten Torbogen, durch eine düstere, schmale Bogengasse geht, die noch viel vom Charakter der mittelalterlichen Stadt enthält, und wenn man dann noch einigen überraschenden Biegungen des schmalen Weges folgt, der hier durch eines der ältesten Quartiere führt, gelangt man unvermittelt auf den Platz der Uffizien und sieht vor sich die Statuen der Piazza della Signoria. Im Hintergrund des Bildes ragen Kuppel, Laterne, Kugel des Doms auf, sind die Handschriften Brunelleschis, Michelozzos und Verrocchios zu sehen und verfärbt vielleicht ein letztes rostfarbenes Leuchten den sich rasch eindunkelnden Abendhimmel. Eine tänzerische Perspektive wird deutlich. Etwas unendlich Anmutiges, Graziöses lokkert die strenge Gliederung der Piazza della Signoria auf. Der Schatten des Palazzo Vecchio wird vom warmen, gelben Schein zahlreicher Lampen zerrissen. Die Statuen unter den Kolonnaden des Platzes der Uffizien treten jetzt am Abend, da die tunesischen Wanderhändler, die Schnellzeichner und die Touristen endgültig verschwunden sind, mit einer Geste mühsam gebändigter Ungeduld aus ihrer tagsüber nahezu unbeachteten Anonymität hervor. Im Hintergrund vermeint man den Arno rauschen zu hören. Brüllen noch die beiden Löwen, die hier einst zum Ruhm der Republik und zum Schutz der Prioren angekettet waren? Lärmen noch die spanischen Landsknechte, welche einst unter Cosimo I. die Leibwache bildeten und die mit ihren Pferden in jener Loggia untergebracht waren, die ursprünglich für öffentliche Zeremonien gedacht gewesen war und nun erst, nachdem sie von den Lanzenträgern Cosimos besetzt war, den Beinamen „dei Lanzi“ erhielt?

In Florenz verwandelt sich alles irgendwann einmal in Kunst. Das Abscheuliche wie das Pompöse, das aller Politik innewohnt, und auch das Banale oder Selbstverständliche, welches die Voraussetzung für das Funktionieren der sozialen Mechanismen einer Gemeinschaft ist, alles verändert und entwickelt sich im Verlauf der Zeit zum Kunstwerk, zum Anlaß für unsere uneingeschränkte Bewunderung. Jener düstere Palast an der Piazza della Signoria, dem erst ganz zuletzt der Ehrentitel Palazzo Vecchio zugewachsen ist, erweckt heute unsere neugierige Zuneigung. Wir begreifen ihn vor allem als Kunstwerk und nicht als Sinnbild menschlicher Unzulänglichkeit. Und die Namen der Künstler, die an ihm gebaut und ihn geschmückt haben, sind uns geläufiger als jene der Politiker, die ihn und mit ihm eine erbarmungswürdige, blutgetränkte Geschichte geschaffen haben.

 Loggia della Signoria, „Entführung der Sabinerinnen“ von Giambologna

Oder wer erinnert sich heute noch daran, daß die Uffizien, dieses schlechthin vollkommene Symbol für die Sammlung und Zurschaustellung von Kunst, erbaut in den Jahren zwischen 1560 und 1574 von Vasari, ursprünglich überhaupt nichts mit den schönen Künsten gemein hatten, sondern der Verwaltung des Staates dienten? Unmittelbar neben der Loggia dei Lanzi, auf einem Gelände, wo sich das alte Zollgebäude sowie die kleine romanische Kirche San Pier Scheraggio befanden, ließ Cosimo I. unter der Bauleitung Giorgio Vasaris ein riesiges Verwaltungsgebäude errichten, in welchem die dreizehn wichtigsten Magistratsbehörden der toskanischen Regierung untergebracht werden sollten. Daher auch der Name „Uffizi“, was nichts anderes als „Büros“ bedeutet. Was die Bauleitung angeht, so übernahmen nach dem Tode Vasaris – er starb wie sein Auftraggeber Cosimo im Jahre 1574 – Buontalenti und später auch Alfonso Parigi die künstlerische Verantwortung für das Zustandekommen dieses Vorhabens. Immerhin konnten bereits wenige Jahre nach dem Baubeginn, nämlich 1565, die ersten Behörden in das Gebäude einziehen, während jener kunstvolle Korridor, welcher die Uffizien über den Ponte Vecchio hinweg mit dem Palazzo Pitti verband, nach einer Bauzeit von nicht einmal fünf Monaten fertiggestellt war.

Das dreigeschossige, aus drei Trakten bestehende Gebäude, das um einen langgestreckten Hof ausgerichtet ist, der sogenannten Piazza degli Uffizi, diente von allem Anfang an auch künstlerischen Interessen. Bereits der Sohn Cosimos, Francesco I., ließ einige Ateliers einrichten, was freilich vor allem damit zu tun hatte, daß hier unter den Dächern des riesigen Verwaltungsgebäudes jener kostbare Stein bearbeitet und zurechtgeschliffen wurde, der beispielsweise den Wandbelag der mediceischen Fürstenkapelle in San Lorenzo ausmacht; Hunderte von Arbeitern, darunter viele Strafgefangene, waren hier unter erbarmungswürdigen Arbeitsbedingungen damit beschäftigt, den kulturellen Ruhm der Stadt zu mehren. Aber auch die Kunstsammlungen der Medici, die über Generationen hinweg entstanden waren, sollten ebenso wie die naturwissenschaftli-

Palazzo Vecchio, rechts davon die Loggia della Signoria

chen und alchimistischen Kabinette und die reich sortierte Waffenkammer dieser florentinischen Familie in den Uffizien untergebracht werden. Und 1585/86 begann man dann auch mit der Errichtung einer Bühne, auf welcher die erste Oper in der Geschichte dieses Genres aufgeführt werden sollte. Heute erinnert allerdings so gut wie nichts mehr an dieses intime Theater, das sich einst an jener Stelle befand, wo jetzt das Handzeichnungskabinett untergebracht ist.

Was die weltberühmte Galerie angeht, die längst jede Erinnerung an die ursprüngliche Funktion der Uffizien verdrängt hat, so hatte Bernardo Buontalenti bereits 1581 eine Statuengalerie eingerichtet, die gleichsam zur Keimzelle aller nachfolgenden Sammlungen werden sollte. Spätestens um die Mitte des 17. Jahrhunderts hatte die Galerie ihre heutige Ausdehnung erreicht, wobei es in der Hauptsache als das Verdienst der letzten Medici, Anna Maria Lodovica, bezeichnet werden muß, daß die großartigen Sammlungen nach dem Untergang der Medici nicht in alle Winde zerstreut wurden. Denn diese Frau hatte die Kostbarkeiten, deren materieller wie ideeller Wert unermeßlich ist, der Stadt Florenz mit der Auflage vermacht, daß nichts davon veräußert oder den Bürgern vorenthalten werden dürfe. So sind die Uffizien heute tatsächlich neben und mit den vatikanischen Kunstsammlungen das älteste Beispiel eines alle Gebiete der Kunst gleichmäßig erfassenden Sammlertums universalen Zuschnitts.

In den Uffizien – wie überhaupt im Umfeld der Piazza della Signoria und des Palazzo Vecchio – mag man sich aber auch daran erinnern, daß Florenz in seiner Blütezeit an das Athen des Perikles anzuschließen vermocht hatte, was den politischen Glanz, die künstlerischen und kulturellen Leistungen sowie den Ruhm dieser Stadt betraf. Aber wie Athen konnte sich auch Florenz seine eigene Größe auf Dauer nicht bewahren. Bernardo Segni, ein Historiker des 16. Jahrhunderts, schrieb lange vor dem endgültigen Niedergang in diesem Zusammenhang die folgenden prophetischen Sätze: „Florenz hätte mächtig sein können, hätte es gute Gesetze gehabt, um sich nach ihnen zu richten. Aber das gelang ihr nie. Die Stadt hat nie eine Verfassung wirklich angenommen, ob republikanisch oder monarchistisch. Aber nur das hätte sie stark machen können. Innerlich stets gespalten, war sie zu einem niedrigeren Rang verurteilt, während sie vereint ihren Ruhm und ihr Reich erhalten und vermehrt hätte. Aber so erhoben sich unfähige Volksregierungen und noch schlimmere kleine Potentaten, so daß die Stadt nicht in der Lage war, den Ruhm zu nähren und wachsen zu lassen, der die Seelen der Menschen dieses Landes belebt."

Segni sollte insofern recht behalten, als der politische Glanz dieser Stadt rasch wieder verblaßte. Vieles von dem, was hier einst seinen spektakulären Anfang genommen hatte, ist uns heute nur noch über den Umweg von Kunstwerken geläufig. Immerhin kann es kein Zufall sein, daß Sandro Botticelli nicht nur jene zauberhafte Venus malte, die uns heute in den Uffizien an eine der glücklichsten Stunden der Medici erinnert, sondern auch das berüchtigte – allerdings längst verschwundene – „Fresko der Gehängten" schuf, das die zu Tode gemarterten und an den Fenstern des Palazzo Vecchio aufgehängten Teilnehmer an der Pazzi-Verschwörung zeigte. Immer wieder waren in Florenz die Künstler damit beschäftigt, die Inhalte ihrer Werke den dramatischen Inhalten anzupassen, welche die politische Realität produzierte.

San Marco und Fra Angelico

In jener Zeit, als ich regelmäßig in einem Hotel an der Piazza di Santa Maria Novella abstieg, kam ich mit einem älteren Mann, der ähnliche Gewohnheiten wie ich zu haben schien, allmählich ins Gespräch. Manchmal waren wir die einzigen Gäste im abendlich geschmückten Hotelrestaurant. Und beim Frühstück erwies es sich, daß wir die ersten waren, die sich über den dampfenden Milchkaffee und das noch warme Gebäck hermachten, um dann – gelegentlich jetzt sogar schon gemeinsam – aufzubrechen in die erwachende, sich kräftig rührende Stadt, über die sich in dieser frühen Morgenstunde ein lilafarbener oder auch kobaltblauer Himmel spannte, der sich langsam aufzuhellen begann, bis die Sonne mit einem lautlosen Knall in ihm explodierte.

Der Mann war Sizilianer. Aus Palermo, wie er sagte. Ein pensionierter Lehrer. Seit dreißig Jahren käme er nach Florenz. Und noch immer habe er das Geheimnis dieser Stadt nicht wirklich begriffen. Denn es sei zweifellos eine kühle, harte Stadt ohne jede animalische Wärme und ohne diese Sinnlichkeit, die beispielsweise in Palermo, aber auch anderswo in Italien Geschichte als etwas Menschliches, von Menschen Handelndes und ihr Geschick Beschreibendes verstehen lasse. Dabei wisse er ganz genau, erklärte der Sizilianer, daß es im Grunde hier nicht anders sei als überall in diesem Land, wo aus jeder Tragödie eine Oper und aus jedem Schicksal eine Burleske entstehe. Florenz verberge sich lediglich hinter einer Unzahl von Widersprüchen, die man erst mühsam beiseite räumen müsse, um dann vielleicht auf eine Wahrheit zu stoßen, die allerdings auch nicht immer befriedigend sei.

Dieser pensionierte Lehrer aus Sizilien war ein sonderbarer und liebenswerter Mensch. Ich verdanke ihm manchen Hinweis, manche wichtige Anregung; und eines Tages, als ich hungrig in der Gegend der Piazza della Repubblica unterwegs war, auf der Suche nach einem Restaurant, in dem ich ein rasches Abendessen bekäme, ohne wie ein lästiger Ausländer abgefertigt zu werden, dem man sauren Wein und zähes Fleisch vorsetzen kann, entsann ich mich seiner Worte, daß man in dieser Stadt die Widersprüche überwinden müsse, um ans Ziel zu gelangen. Ich betrat ein Lokal in der Via Campidoglio, das ich bereits mehrmals aufgesucht und darin ich mich nie sonderlich wohl gefühlt hatte. Dabei wurde es von gutbürgerlichem Publikum frequentiert, das mit großer Sorgfalt die Speisen auswählte oder sich von einem der beiden Besitzer, die in ihren grauen Maßanzügen wie Advokaten oder Abteilungsleiter in einer Bank aussahen, geduldig und ernsthaft beraten ließ. Ich mußte bisher etwas falsch gemacht haben, daß ich hier nie auf meine Rechnung gekommen war. Ich hatte wahrscheinlich vor den Widersprüchen kapituliert, war zu ungeduldig gewesen, hatte mich nicht den Regeln untergeordnet, die man in einem solchen Lokal beachten muß. Diesmal brachte ich endlich die Geduld auf, mir von einem älteren Kellner ein Dutzend Möglichkeiten, ausgiebig und gut zu speisen, aufzählen zu lassen, ohne nach einem kurzen, gleichgültigen Blick auf die umfangreiche Speisekarte irgendein Gericht zu bestellen. Ich darf vorwegnehmen, daß mir ein wohltuend geschmackvolles Abendessen vorgesetzt wurde, wobei man so aufmerksam war, mich vor allzu schweren Genüssen, die ich mir einbildete, zu warnen; auch der Wein, den man mir empfahl, durfte nicht zu stark, zu feurig sein, sondern war ein erstaunlich milder Chianti Classico, der das Herz erwärmte, ohne es in Unruhe zu versetzen.

Leider traf ich in der folgenden Zeit den sizilianischen Lehrer nicht mehr, um ihm von meiner erfreulichen Erfahrung zu berichten. Daß ich ein Restaurant, in welchem ich mehrmals schroff und lieblos behandelt worden war und nur mäßig gut gegessen hatte, als einen wahren Tempel der Bekömmlichkeit entdeckt hatte. Weil ich Geduld aufgebracht hatte. Weil ich mich dem strengen Reglement unterworfen hatte, das hier als selbstverständlich vorausgesetzt wurde.

Ich betrachte diese Erfahrung aber in der Tat auch als einen Beweis dafür, wie man in Florenz Widersprüche überwinden kann. Ähnliches widerfuhr mir übrigens in Santa Croce, in das ich nach langer Pause wieder einmal eintrat, und zwar anläßlich einer Ausstellung zum 800-Jahr-Jubiläum dieses berühmten Franziskanerklosters. Ich habe Santa Croce stets als eines der großen, wirklich überzeugenden Kunstwerke begriffen, als eine Einheit von Kunst und Philosophie und als ehrfurchtheischendes Pantheon des italienischen Ruhms. Auf die Idee, in den zahlreichen Grabdenkmälern bedeutender Männer, welche diese mächtige Kirche schmücken, eine Anhäufung pompöser Nichtigkeiten und dekorativen Kitsches zu sehen, die in einem erbarmungswürdigen Gegensatz steht zu den wirklichen Meisterwerken in dieser Kirche . . . auf diese fast ketzerische Idee war ich eigentlich nie gekommen.

Dann, eines Tages im Februar, tagsüber war es bereits so warm, daß man den Mantel kokett über die Schulter werfen und den Hemdkragen öffnen konnte, und der Himmel war von einigen hellgrauen Wölkchen bedeckt, die eine Ahnung vom kommenden Frühlingsregen vermittelten, dann fand ich mich plötzlich wieder in Santa Croce. Und sah mich einem Lernprozeß ausgesetzt, der mich nachdenklich machte. Überall in der Stadt waren Transparente befestigt, die von dem 800-Jahr-Jubiläum erzählten. Ich war neugierig. Vielleicht würde man Dinge zu sehen bekommen, die für gewöhnlich in irgendwelchen Tresoren oder dunklen Kellern verborgen blieben. Voll Erwartung betrat ich jenen Teil der Klosteranlagen neben der Kirche, der für diese Ausstellung eingerichtet worden war.

Aber bis auf das riesige Kreuz des Messer Cenni di Pepe, genannt Cimabue, entdeckte ich nichts Aufsehenerregendes. Dieses Kruzifix, das Cimabue gegen Ende seines arbeitsreichen Lebens schuf, ist auf eine Holztafel gemalt. Die weißlichen Flecken, die im Verlauf der Zeit entstanden sind, wirken wie Schimmel, schenken diesem Kunstwerk eine neue, bedrohliche Dimension. Das rechte Auge des Erlösers ist bereits zerstört, das linke in blinder Qual verdreht. Erschüttert kann man sich vorstellen, wie sich der Schimmel weiterfressen wird, wie er nach und nach den Leib des Herrn überwuchern oder wie mit Geschwüren bedecken wird.

Und dann im Gegensatz dazu oder zu den Fresken Giottos die Grabdenkmäler in der Kirche! Die erstarrten Posen und lächerlichen Gesten eines Innocenzo Spinazzi, mit denen er Machiavellis Grabmonument zu schmücken versuchte und doch nicht mehr zustande brachte als eine Dame mit leerem Gesichtsausdruck, die ein Medaillon mit Machiavellis Porträt in Händen hält. Oder Cassiolis einfallsloses Denkmal für Rossini, Lucchesis billige Erinnerung an Donatello, die sich dieser wahrlich nicht verdient hat. Schließlich die schwülstige Dekoration zu Dantes leerem Grab von Stefano Ricci. Das alles – und Giottos Fresken leuchteten sanft im Hintergrund – vermittelte einen Geschmack, einen Ausdruck der eitlen Selbstgefälligkeit, wie er um die Jahrhundertwende üblich gewesen sein mochte, als die meisten dieser Grabmonumente entstanden sind. Dem florentinischen Charakter, vor allem aber auch der feierlichen Atmosphäre dieser Kirche entsprach das nicht. Es war ein Widerspruch. Und im Widerspruch wurde der Abstieg deutlich, den diese Stadt seit der Renaissance genommen hat; oder das Ausmaß der Entfernung von ihren eigenen Wurzeln.

Der pensionierte Lehrer aus Palermo würde mir wahrscheinlich erklärt haben, daß es nicht das Pathos sei, welches alle diese Denkmäler ihrer Wirkung beraubte, weil man sich Italien ohne Pathos überhaupt nicht vorzustellen vermöchte, sondern daß dieses Pathos in Santa Croce zuviel an vorgetäuschtem Gefühl vermittle, zu sehr an der Oberfläche haften bleibe. Ich hätte ihm gewiß zugestimmt. Auch Cimabues aufs Holz gemalter Christus ist pathetisch. Aber dieses Pathos ist furchteinflößend und erschütternd. Und es entspricht einer Wahrheit, die überzeugt, weil es Gefühle nicht vortäuscht, sondern nichts anderes ausdrückt als den fleischgewordenen Schmerz.

Umwege, die man machen muß, um Florenz zu begreifen: Die schwierige Kunst, sich in florentinischen Restaurants heimisch zu fühlen, gehört dazu. Und das Bewußtsein, daß der Ruhm von Santa Croce weniger mit den Grabdenkmälern als mit den Männern – und einigen Frauen – zu tun hat, die in dieser Kirche ihre letzte Ruhestätte gefunden haben. Und daß die Wurzel aller Kunst in dieser Stadt immer die Politik gewesen ist. Oder der ehrgeizige Wunsch von Männern, die sich durch Rücksichtslosigkeit und Zähigkeit ein Vermögen geschaffen hatten, ihren Namen durch die Verbindung mit einem Kunstwerk gleichsam unsterblich zu machen. Florentinisches Mäzenatentum hat fast immer mit kühler Kalkulation zu tun gehabt. Und mit Grausamkeit. Denn die Kunstwerke, die wir in Florenz bewundern, sind ohne den meist blutigen Hintergrund der Zeit, in welcher sie entstanden sind, nicht wirklich verständlich.

Einen Umweg, der viele Jahre lang angedauert hat, habe ich auch zu Fra Angelico machen müssen. Ich war häufig geneigt, dem überlieferten Vorurteil zuzustimmen, das die Bilder dieses malenden Mönches als süßlich, frömmelnd und übertrieben sentimental denunzierte. Eckart Peterich vermutete einmal, daß „die vielen schlechten Reproduktionen seiner Bilder, mit denen besonders in Florenz die Souvenirläden vollgestopft sind, und das Schwärmen präraffaelitisch angehauchter Engländerinnen und nachnazarenischer Deutscher solche Vorurteile nähren". Er mag damit recht haben. Dazu kommt noch, daß man auch hier die Lebensumstände dieses Mönches kennen muß, dessen Hauptwerk im Dominikanerkloster von San Marco zu sehen ist, um das tiefe Einfühlungsvermögen dieses Malers und die Unbeirrbarkeit seines schöpferischen Werdeganges ganz zu verstehen.

Fra Angelico war nämlich alles andere als dieser naive und weltabgewandte Mönch, den wir uns immer vorstellen, wenn wir zum Beispiel seine zarten Schmetterlingsfarben betrachten, mit denen er die Fresken in den Zellen des Klosters San Marco schmückte. Und seine malerisch-poetisch ausgedrückte innige Zwiesprache mit Gott, die wir auf seinen Bildern zu erkennen vermeinen, ist Ausdruck einer Spiritualität, über deren tatsächliche intellektuelle Kraft uns erst die Kenntnis der näheren Lebensumstände dieses Guido di Piero, wie er mit seinem weltlichen Namen hieß, eine erschöpfende Auskunft gibt.

HOMO FACTVS
CVRAVIT
GLORIA

Fra Angelico, der aus dem Mugello stammt, ist irgendwann zwischen 1395 und 1400 geboren worden. Möglicherweise war er Lehrling in der Werkstatt eines Kirchenmalers. Wir wissen von einem Honorar für eine Altartafel in der Florentiner Kirche Santo Stefano al Ponte, das Guido di Piero in Empfang genommen hat. Sein Ordensname Frate Giovanni di San Domenico di Fiesole hingegen taucht erstmals auf einer Quittung vom Juni des Jahres 1423 auf, als er für das Hospital Santa Maria Nuova in Florenz ein gemaltes Kruzifix anfertigte.

In Fiesole also absolvierte Fra Angelico sein Noviziat. Und zwar gemeinsam mit Antoninus, dem Sohn eines Notars aus Florenz, einem kleingewachsenen, zähen und ungemein ehrgeizigen jungen Mann, der später einmal – nämlich 1436 – jenes Dominikanerkloster zu San Marco in Florenz gründen sollte, das dann für Fra Angelico und auch für einen ganz bestimmten Abschnitt der florentinischen Geschichte von so großer Bedeutung sein sollte.

Von Fra Angelico wissen wir, daß er in den Jahren zwischen 1429 und 1435 nicht nur ein braver und tüchtiger Mönch, sondern auch ein begehrter Maler gewesen sein muß. Die entscheidende Wendung in seinem Leben ergab sich aber 1435/36, als die Dominikaner von Fiesole die Florentiner Kirche San Giorgio sulla Costa, also San Marco, übernahmen und dort unter der Bauleitung Michelozzos einen interessanten Klosterneubau errichten ließen. Fra Angelico selbst blieb allerdings vorerst noch in Fiesole und übersiedelte erst einige Jahre später nach San Marco – sein Aufenthalt in Florenz läßt sich erst ab August 1441 urkundlich nachweisen –, aber sein Ruf als tüchtiger Ordensmann, der führende Funktionen zufriedenstellend zu bekleiden verstand, war zu diesem Zeitpunkt längst gefestigt. Papst Eugen IV., der mehrere Jahre in Florenz zugebracht hatte, holte ihn 1445 nach Rom, und zwar als Maler, denn auch in dieser Hinsicht war Fra Angelico über die Mauern seines Mutterklosters hinaus bekannt geworden. Zuvor soll ihm angeblich die Würde eines Erzbischofs von Florenz angetragen worden sein, wofür es freilich keine brauchbaren dokumentarischen

Im Kreuzgang von San Marco. Diese Glocke, „La Piagnona" genannt, läutete zu den Predigten Savonarolas

Unterlagen gibt. Unbestritten ist hingegen der Umstand, daß er dem Papst auch als Ratgeber in politischen Dingen diente; und daß sein Einfluß auf den Papst von entscheidender Rolle gewesen sein muß, als es um die endgültige Besetzung des verwaisten Bischofsstuhls von Florenz ging. Antoninus, der Jugendfreund Fra Angelicos, wurde jedenfalls am 9. Jänner 1446 mit diesem hohen Amt betraut.

Fra Angelico kehrte 1450 nach Florenz zurück, wurde alsbald zum Prior des Klosters San Domenico in Fiesole bestellt, arbeitete als Maler und Ordensmann, betätigte sich auch noch als Ratgeber für Papst Nikolaus V., und als er im Februar 1455 starb, war es Rom und nicht Florenz oder Fiesole, wo sein Leben zu Ende ging. Er ist in der römischen Dominikanerkirche Santa Maria sopra Minerva beigesetzt.

Diese wenigen biografischen Hinweise auf eine der ungewöhnlichsten Begabungen der florentinischen Kunst bezeugen schon die große geistige Spannweite dieses Mannes, den wir uns heute – völlig falsch – nur als Darsteller himmlischer Szenen, als Schöpfer von Tafelbildern vorzustellen vermögen, auf denen die byzantinische Tradition der Heiligenverehrung fortgesetzt wird. Wie wenig diese etwas willkürliche Zuordnung in Wahrheit zutrifft, mag man spätestens in San Marco in dem Augenblick erkennen, da man seine gewaltige und auch ergreifende Darstellung der Kreuzigung Christi im ehemaligen Kapitelsaal erblickt. Es mag schon sein, daß jene rührenden Anekdoten, die der uralte Dominikanermönch Fra Eustachio einst Giorgio Vasari erzählte und die diesen zu seinem „Leben Fra Angelicos" inspirierten, durchaus mehr als bloß ein Körnchen Wahrheit enthielten. Demnach habe Fra Angelico stets erst nach ausgiebigem Gebet zum Pinsel gegriffen; und malte er ein Kruzifix, „so benetzten heiße Tränen seine Wangen". Aber das mag eben nur einen Teil der Wahrheit über diesen ungewöhnlichen Mann ausmachen, der nicht nur ein frommer Charakter und ein außerordentliches schöpferisches Talent, sondern auch ein hochbegabter Verwalter seines Ordens war. Immerhin hörten zwei Päpste auf ihn und achteten seine Ratschläge sowohl in künstlerischen als auch in administrativen Belangen. An diesen Umstand sollte man sich erinnern, wenn man in San Marco die Bilder und Fresken dieses Fra Angelico betrachtet, der eine faszinierende Persönlichkeit gewesen sein muß.

Übrigens wurde Savonarola ein Menschenalter später eine von Fra Angelico mit dem Bildnis des Gekreuzigten geschmückte Standarte vorangetragen, wenn dieser zu seinen Predigten im Dom aufbrach. Und das bringt uns auf eine andere, düstere Bedeutung dieses Konvents, der zum überwiegenden Teil heute als Museum dient.

Denn heute noch weht einen der stürmische oder auch bloß faulige Atem der Geschichte an, wenn man durch die dunklen Räume dieses Klosters geht, sich umtut in den hohen Gängen, von deren Mauern die Schritte widerhallen, oder eintritt in eine der kleinen, kahlen, nur mit einem Fresko aus der Hand des Fra Angelico oder eines seiner Schüler geschmückten Zellen. Hier wirkten nämlich nicht nur Fra Angelico und sein Jugendfreund, der später hochberühmte und in Florenz heiligmäßig verehrte Antoninus, den Papst Eugen IV. erst unter Androhung des Kirchenbanns dazu bewegen konnte, die schwere Bürde eines Erzbischofs zu übernehmen, sondern von hier aus predigte auch Savonarola gegen den Luxus und die Leichtlebigkeit der Florentiner, begann er seinen missionarischen Feldzug für ein neues Reich Gottes und für die Diktatur des Glaubens. Und in San Marco war es dann auch, wo im April des Jahres 1498 eine wütende Menge sich auf die Suche machte nach dem kurz zuvor noch vergötterten Mönch, der Florenz für einige Jahre mit harter Hand und fanatischem Glaubenseifer beherrscht hatte. Die Mönche verteidigten zwar ihren verhaßten Mitbruder mit Mut und Ausdauer. Sie schwangen, wie Augenzeugen berichten, brennende Kerzen, Leuchter und sogar Kruzifixe „mit solcher Wut, daß sie die Angreifer hinauswarfen, wo diese von anderen Mönchen mit Steinen und glühender Asche empfangen wurden, die von den Dächern fielen“. Aber als schließlich die Wache vom Palazzo Vecchio das Kloster stürmte, mußten sich die Verteidiger ergeben. Savonarola wurde in der Bibliothek von San Marco gefangengenommen und unter dem Triumphgeheul des Pöbels, der dichtgedrängt die Piazza San Marco besetzte, in den Palazzo Vecchio abgeführt.

Oben im ersten Stockwerk des alten Konvents, am Ende eines Ganges, von welchem links und rechts die winzigen Zellen der Mönche abzweigen, befindet sich die ehemalige Behausung des Priors, eine kleine Kapelle, an welche sich eine Zelle von normalen Ausmaßen und ein dahinterliegendes winziges Kämmerchen anschließen, welches seinerzeit von Savonarola bewohnt wurde. In der Kapelle sieht man sein berühmtes Porträt, gemalt vom Mitbruder Fra Bartolommeo, sowie eine Darstellung des Petrus Martyr, gleichfalls ein Werk des Fra Bartolommeo, welche die Züge Savonarolas aufweist. Dieses Bildnis malte Fra Bartolommeo kurze Zeit nach dem Tod des großen Predigers, und man mag es als eine stumme Huldigung an diesen fanatischen und freilich auch genialen Menschen ansehen, daß der Maler ihn mit einem legendären Heiligen zu vergleichen suchte. Auf einem kleinen Schreibtisch finden sich zwei lateinische Bibeln mit handschriftlichen Notizen. In einem Schränkchen aus dem Cinquecento kann man noch einige Dinge des täglichen Gebrauchs sehen, wie sie von Savonarola benützt wurden, der für sich selbst von vollkommener Bedürfnislosigkeit gewesen ist.

Es ist ein eigenartiges Gefühl, sich in diesen Räumen aufzuhalten, in denen einst das Gewissen der Welt, wie seine Anhänger Savonarola auch zu bezeichnen pflegten, lebte, betete, schlief, meditierte, sich seine frommen Auftritte und Ansprachen sorgfältig überlegte, zu denen Tausende strömten, und wo er zuletzt die Ankunft seiner Feinde und Verfolger erwartete, groß und unbeugsam noch in der Stunde seines Untergangs.

Ein anderer Zellentrakt in diesem ersten Stockwerk des Klosters von San Marco beherbergte Cosimo den Alten, wenn dieser sich von seinen weltlichen Geschäften zurückzuziehen wünschte. Cosimo war dem Kloster ein großzügiger Mäzen, hatte die Kosten für die Renovierung der verfallenen Baulichkeiten übernommen und auch dafür gesorgt, daß als Architekt der berühmte Michelozzo gewonnen werden konnte. Einen Hinweis auf den Kunstverstand dieses Mannes, der vielleicht der bedeutendste aller Medici gewesen ist, liefert ein in die Decke der hinteren der beiden Zellen gebrochenes Loch, das zur besseren Beleuchtung eines Freskos diente.

Noch einer anderen interessanten Erinnerung an jenes stürmische Zeitalter kann man im nördlichen Flügel des Kreuzganges begegnen. Dort findet sich nämlich eine Glocke von mittlerer Größe, die von einem hölzernen Gestell gleichsam umklammert wird. Der Name dieser Glocke ist „La Piagnona", und sie läutete zu den Predigten Savonarolas. Das aber bedeutete, daß auch sie, als Savonarolas Stern erlosch, der allgemeinen Ächtung anheimfiel. Sie wurde unmittelbar nach dem Tod des Predigers nach San Francesco al Monte verbannt und durfte erst zu Beginn dieses Jahrhunderts als Bereicherung des Museums nach San Marco zurückkehren.

Florentinische Spaziergänge

Peterich, der viele Jahre in Florenz zugebracht hat, meinte einmal, daß man Freunde, die einen Begriff vom künstlerischen Umsturz in Florenz des 15. Jahrhunderts bekommen sollten, zuerst zu Fra Angelico in San Marco, dann nach der gotischen Kirche Santa Croce, weiter zu den Fresken Masaccios in der sogenannten Brancacci-Kapelle in Santa Maria del Carmine und zuletzt vor Brunelleschis Kirche Santo Spirito führen müßte. Man mag über die Reihenfolge, in welcher man diese Schauplätze – von denen zwei jenseits des Flusses im Oltrarno liegen – aufsuchen soll, zwar geteilter Meinung sein; an der Richtigkeit dieser Meinung ändert das nichts. Ich würde sogar noch einen Schritt weiter gehen und sagen, daß es neben und mit diesen von Peterich erwähnten Stationen noch einige andere wesentliche Beispiele für das bessere Verständnis der Entwicklung der florentinischen Kultur und einer besonderen Art von Geisteshaltung gibt, Beispiele, ohne deren Kenntnis man vieles von der eigenwilligen Unverwechselbarkeit dieser Stadt und dem Zauber, den sie immer noch verströmt, nicht wirklich verstehen kann. Donatellos „Maria Maddalena“ gehört zweifellos dazu. Und auch das eher unscheinbare Museum „Com'era“ in der Via dell'Oriuolo. Brunelleschis Christus in Santa Maria Novella. Uccellos gewaltiges Porträt des britischen Söldnerführers Hawkwood im Dom. Immer wieder der Blick über die Piazza della Signoria zum wuchtig aufragenden, wie ein erdbrauner oder fahlfarbener Schiffsleib alle beengenden Perspektiven sprengenden Palazzo Vecchio. Oder eines der wundertätigen Heiligenbilder und Kruzifixe in einer der zahlreichen Kirchen, mit denen die Florentiner, deren kühler Rationalismus einzigartig in und für Italien ist, einen merkwürdig selbstverständlichen und intimen Umgang pflegen.

Und manchmal auch der Blick auf den Arno von irgendeiner Anhöhe herab, vom Bellosguardo aus etwa, wo annähernd achthundert Jahre lang deutscher Adel – Lehnsherren des Theoderich, gotische Grafen, langobardische Herzöge, Statthalter der Ottonen, Salier und Staufer – herrschaftsmäßig residierte, bis er spätestens im 13. Jahrhundert dann endgültig aufging in der florentinischen Gesellschaft, die früh schon eine klassenlose zu sein versuchte und dabei doch schärfer, unnachsichtiger auf die Einhaltung des Trennenden beharrte als die später aufkommende Aristokratie des 16. und 17. Jahrhunderts. Der Blick auf den Arno also. Vom gerundeten Kreis der Hügel aus, „die wie mit Engelsflügeln, silbern und rosa überhaucht, Florenz umschwingen“ (Kasimir Edschmid). Oder vom Piazzale Michelangelo, dessen ausladende und vorspringende Rampe zwar nicht den umfassendsten, aber doch populärsten Blick auf die Stadt erlaubt.

Der Fluß sei nicht wirklich von Bedeutung, meint man, wenn man sich oberflächlich mit Florenz beschäftigt. Die geduldigen Angler zwischen der Piazza dei Giudici und dem Ponte Vecchio, die, während ihnen zum Beispiel die untergehende Sonne ein sanftes rostrotes Glühen auf die Schultern zaubert, behutsam ihren künstlichen Köder in die Tiefe des fast schwärzlichen Flusses versenken und dabei bis zu den versunkenen Quadern der ehemaligen römischen Hafenanlagen vordringen . . . man übersieht sie. Sie vermischen sich als flüchtige Schatten mit der rasch aufziehenden Dämmerung. Und den eifrigen Ruderern, die am frühen Morgen unter der bauchigen Wölbung des Ponte Vecchio dahingleiten, hellbraune Striche im glasigen Blau des Wassers, wirft man bestenfalls einen gleichgültigen Blick zu. Selbst die Hochwassermarken in der Altstadt, die etwa bei Santa Croce oder im Dombereich respektable Höhen anzeigen, nimmt man nur aus den Augenwinkeln wahr. Florenz ist eine Kunststadt. Florenz ist der steingewordene Beweis für den Sieg der Vernunft oder des schöpferischen Geistes über alles Irrationale und sinnlos Gewalttätige. Und von diesem Aberglauben läßt sich niemand, der Florenz zu lieben vorgibt, wirklich abbringen.

Dabei war es gerade das Unerwartete, waren es stets diese plötzlichen Explosionen an Kraft und Genie, die hier im funkelnden Widerschein des Flusses – der übrigens gleichfalls alles andere als den Eindruck einer harmlosen Idylle vermittelt – für das Überleben des schöpferischen Geistes sorgten. Santa Maria del Carmine ist ein Beispiel dafür.

Man sieht es dieser Kirche, die am gleichnamigen Platz und nur ein paar Steinwürfe weit vom Lungarno Soderini liegt, heute gewiß nicht mehr an, daß mit ihrem Bau bereits im Jahre 1268 begonnen wurde oder daß eine ihrer Seitenkapellen mit Recht Weltruhm erlangt hat, weil sie durch das Werk vor allem eines jungen Mannes namens Tommaso Masaccio in der Tat zu einem der zentralen Drehpunkte der abendländischen Kunstentwicklung geworden ist. Und daß es hier auch zu jenem verhängnisvollen Faustschlag in das Gesicht eines anderen jungen Mannes namens Michelangelo gekommen ist, der das Antlitz dieses Künstlers ein Leben lang entstellt hat.

Die Kirche, an deren Umgestaltung später auch Giorgio Vasari mitgewirkt hat und die 1771 einem durch einen unachtsamen Handwerker ausgelösten Brand fast gänzlich zum Opfer fiel, wirkt von außen merkwürdig plump und eigentlich wie ein aufgegebener, vergessener Rohbau. Der weite Platz davor ist von parkenden Autos dicht besetzt. Einige altmodische Häuser oder deren schöne Fassaden lassen an allmählich verfallende Paläste denken; es handelt sich dabei um die eher bescheidenen Reste der ehemaligen Klosteranlagen von San Frediano. Eine Lücke in der Häuserfront erinnert daran, daß hier einst eine zweite Kirche stand.

Im Inneren von Santa Maria del Carmine dann, das einen mit riesigen, jedoch inhaltsleeren Dimensionen überfällt, kann man ohne weiteres einem schlurfenden Priester begegnen, der mit mürrischem Gesicht und melancholischen Augen die schreckliche, verstaubte Barockdekoration betrachtet, die das langgestreckte Kirchenschiff wie eine zu groß geratene Jahrmarktsbude aussehen läßt. Eine Stadtstreicherin, dick vermummt und umgeben von zahlreichen Plastiksäcken, in denen sie ihre Habseligkeiten aufbewahrt, hat sich in einer der Bankreihen vor dem Hauptaltar niedergelassen. Aus der hohen Kuppel darüber

 Santa Maria del Carmine, Gewölbefresko von Giuseppe Romei

weht es eisig herab. Ein anderer, unendlich fetter und allem Anschein nach gichtgeplagter älterer Priester schleppt sich an zwei Stöcken durch das weniger feierliche als niederdrückende Halbdunkel, das vom Schein einiger flackernder Kerzen nur unwesentlich aufgehellt wird. Und dort, wo sich rechts vom Hauptaltar die sogenannte Brancacci-Kapelle befindet, verbergen riesige, unordentlich herabfallende Plastikplanen das eigentlich Sensationelle von Santa Maria del Carmine; nämlich die Fresken von Masolino und vor allem von Masaccio, die beide aus dem Dorf San Giovanni Val d'Arno stammten und innig miteinander befreundet waren. Was die Brancacci angeht, eine der einflußreichsten Florentiner Familien, so besaßen sie seit dem Jahre 1386 diese Gedächtnis- und Begräbniskapelle in der Kirche, aber erst seit 1423 – als Felice Brancacci von einer erfolgreich absolvierten fernöstlichen Gesandtschaft zurückgekehrt war, bei welcher es ihm unter anderem gelungen war, für Florenz neue Absatzmärkte zu erschließen – wurde diese Kapelle auch offiziell als Brancacci-Kapelle geführt.

Und 1423 begann auch Tommaso Masaccio, damals fünfundzwanzigjährig, mit der Arbeit an seinen Fresken. Er soll, wie wir aus den wenigen dürftigen Angaben über ihn wissen, ein recht nervöser, fahriger Mensch gewesen sein, während eine andere Meinung besagt, daß er einen freundlichen Charakter besessen habe, aber unendlich verträumt, versponnen, sonderbar gewesen sei. Wenn man dann freilich hier in Santa Maria del Carmine seine Geschichte des heiligen Petrus betrachtet, erhält man einen völlig andersgearteten Eindruck vom Wesen dieses jungen Menschen, der die Kunst seines Zeitalters buchstäblich revolutioniert hat. Er sei ein großer Dramatiker gewesen, der die Malerei von ihren Sklavenketten befreit habe, schrieb vor Jahrzehnten Kasimir Edschmid. „Die Art, wie er Menschengruppen zusammenrückte, sie in den Raum hinausstieß, sie dramatisch aufeinander einstellte und ihnen den Ausdruck von Wut und Erbarmen, Not und Entsetzen nicht nur in die Gesichter, sondern auch in die Bewegungen jagte, war für seine Zeit von erschreckender Brutalität."

Mit Masaccios Fresken in der Brancacci-Kapelle begann aber nicht nur eine neue Art des Realismus in der Malerei wirksam zu werden, erschienen nicht nur „zum ersten Mal durchblutete Menschen“, triumphierte nicht nur die Wirklichkeit des prallen Lebens über erstarrte Schablonen, sondern es begann die Monumentalmalerei der Renaissance sich auch in der Technik zu vervollkommnen. Masaccio malte ausschließlich „al fresco“, das heißt, er trug immer nur soviel an nassem Mörtel auf, als er diesen dann zu bemalen fähig war, bevor der Mörtel wieder abtrocknete. Er begriff vielleicht als erster Maler seiner Zeit, daß nur die mit dem Kalk verbundene, also direkt auf den nassen Mörtel aufgetragene Farbe tatsächlich Bestand hatte und zu voller Wirksamkeit gelangte. Nahezu alle Maler der Renaissance würden später seinem Beispiel folgen.

Und man sollte nicht nur aus Gründen der Technik und der Kunstfertigkeit noch Generationen später bewundernd auf Masaccios Werk blicken! Denn in dieser Brancacci-Kapelle geschah es, daß Michelangelo, Leonardo da Vinci, Raffael, Castagno, Botticelli und noch zahllose andere Künstler andachtsvoll und lernbegierig zu begreifen suchten, was das Geheimnis dieses neuen Menschentyps sei, den der Fünfundzwanzigjährige geschaffen hatte. Dabei kam es auch zu Diskussionen, zu lebhaften Debatten, die gelegentlich sogar in Streit ausarteten. Eines Tages geriet ein gewisser Torrigiano, ein hitziger Charakter, mit dem jungen Michelangelo in einen Wortwechsel über die perspektivischen Kunststücke Masaccios. Und schließlich schlug Torrigiano, außer sich vor Wut, kräftig zu und mitten ins Gesicht Michelangelos. Er habe Knochen und Knorpel gefühlt, erzählte Torrigiano später seinem Freund Benvenuto Cellini; und alles sei so mürb wie eine Oblate gewesen . . .

Michelangelos Nase blieb seit jenem verhängnisvollen Faustschlag in der Kirche Santa Maria del Carmine für immer entstellt. Torrigiano aber, von dem behauptet wird, daß er wohl die Begabung gehabt habe, einer der hervorragendsten Künstler seiner Zeit zu werden, jedoch zu unbeherrscht und jähzornig gewesen sei, um auch der Demut fähig zu sein, die der wahre

Künstler brauche, Torrigiano ging später nach Spanien, wo er in einen unangenehmen Handel verstrickt wurde. Er hatte für einen spanischen Granden einen Auftrag erledigt und war, als dieser ihn mit minderwertigem Geld entlohnen wollte, darüber so in Zorn geraten, daß er sich wie ein Wahnsinniger gebärdete. Er wurde daraufhin in den Kerker geworfen und von den Folterknechten der Inquisition peinlich verhört, bis er dem Elend durch seinen Freitod ein Ende setzte.

Was Masaccio angeht, den unschuldigen Urheber dieser ganzen Geschichte, so hatte dieser 1428 Florenz verlassen, um in Rom eine neue Karriere zu beginnen. Aber bald nach seiner Ankunft in der Ewigen Stadt starb er, noch nicht achtundzwanzigjährig, angeblich von eifersüchtigen Kollegen vergiftet, die seine geniale Begabung fürchteten. Seine in der Brancacci-Kapelle unvollendet zurückgebliebenen Fresken stellte dann ein halbes Jahrhundert später Filippino Lippi fertig. Ebenso hat auch Masalino, der Jugendfreund Masaccios, nicht nur mit diesem gemeinsam an den Fresken gearbeitet, sondern zumindest eines – das sogenannte Tabitafresko – zu Ende gemalt.

Als ich zuletzt in Santa Maria del Carmine war, wurde die Brancacci-Kapelle gerade einer gründlichen Restaurierung unterzogen. Am bemerkenswertesten dabei war der Umstand, daß den Figuren Adams und Evas, die symbolhaft am Beginn der Masaccio-Erzählung der Petruslegende stehen, endlich das Feigenblatt entfernt wurde, das die frömmlerische Gesinnung späterer Jahrhunderte dem Meisterwerk Masaccios aufgezwungen hatte.

Erwähnenswert ist aber auch noch das leere Grabmonument für Piero Soderini, dessen Leichnam in Rom seine letzte Ruhestätte fand. Soderini war der letzte Gonfaloniere oder Kanzler der florentinischen Republik, bevor diese wieder durch die mediceische Tyrannis abgelöst wurde. Er war ein besonnener Charakter, gebildet und völlig durchdrungen vom Ideal einer demokratischen Staatsform, wie sie im Florenz des frühen 16. Jahrhunderts doch nicht lebensfähig war. Machiavelli, dem er als Freund und Gönner zugetan war, hat ihm viel zu verdanken gehabt. Heute verirrt sich freilich fast niemand mehr vor das Grabdenkmal Soderinis, der doch eine der bedeutendsten Persönlichkeiten in der abwechslungsreichen Biografie dieser Stadt war.

Etwas sollte man in Florenz, beginnend wohl mit der Brancacci-Kapelle in Santa Maria del Carmine, nicht übersehen: nämlich die manchmal frappierende Ähnlichkeit der dargestellten Heiligen und des porträtierten Volkes mit den heutigen Menschen. Es hat mit dem frühen 15. Jahrhundert und dabei machtvoll einsetzend mit der Kunst der Menschendarstellung eines Masaccio eine neue Wirklichkeit Eingang in die florentinische Malerei gefunden, die sich rasch als bahnbrechend erweisen sollte für die Entwicklung der europäischen Kunst. Kasimir Edschmid hat das einmal sehr genau ausgedrückt, als er schrieb: „Denn hier erschienen zum ersten Mal durchblutete Menschen, man sah auf diesen Fresken in der Kirche Maria del Carmine, daß Petrus wütend war, weil er, der Legende gemäß, auf Christi Geheiß dem Fisch das Geld für den Zöllner aus dem Munde nehmen mußte, man sah überdies, daß ihm das Blut in den Kopf stieg, weil er sich bückte. Man sah auch, daß die Zuschauer merkwürdig bewegt von dem Vorgang waren, obwohl es sich um eine Sache von geringer Bedeutung handelte, ja man bemerkte auch, daß sie mit festen Füßen und nicht auf den Fußspitzen, halb schwebend, die Erde berührten. Man sah mit Verblüffung und Entsetzen, wie aus diesen Bildern der Himmel entschwebte und, als geschehe es durch die Fußsohlen der Menschen, die Erde in die Welt der Bilder eindrang. Man spürte, wie das Leben selbst über den jahrhundertealten Gottesstaat der Malerei triumphierte.“ In der Tat ging dadurch nicht nur ein ganz bestimmter Abschnitt der Kunst, sondern auch eine geschichtliche Epoche und „ein Weltalter des Geistes“ endgültig zu Ende.

Und noch etwas war durch diese Bilder Masaccios, in welche „die Erde eingedrungen“ war, geschehen. Durch seine ungemein realistische Darstellung des Sündenfalls gab der Maler der Kunst die seit der Antike verlorene Unschuld der Nacktheit zurück. Es konnte kein Zufall sein, daß seine Sicht des nackten Leibes schon von den Zeitgenossen als ungemein problematisch begriffen wurde. Und es mutet eher merkwürdig an, daß man erst jetzt, da man die Fresken restaurieren muß, auf die absurden Feigenblätter verzichten kann, welche Unverständnis und übereifriges Frömmlertum dem Werk Masaccios einst angetan haben.

Einige wenige Gehminuten von Santa Maria del Carmine entfernt, sofern man nicht, wie es mir einmal ergangen ist, plötzlich die Orientierung verliert und sich wie ein verwirrter Gaukler im Kreis dieser alten Viertel im Oltrarno bewegt, beeindruckt und sozusagen vom rechten Weg abgelenkt durch die vielfältigen Zeugnisse des Alltagslebens . . . einige wenige Minuten also von Santa Maria del Carmine in Richtung Palazzo Pitti entfernt liegt die Kirche von Santo Spirito. Der gleichnamige Platz davor, auf dem heute regelmäßig ein Markt abgehalten wird, enthält ähnlich dem Äußeren der Kirche nichts Dramatisches. Aber wenn man sich die ursprüngliche Idee dieser ganzen Anlage zu vergegenwärtigen sucht, wie sie einst Filippo Brunelleschi verwirklichen wollte, dann begreift man unversehens die unerhörte Faszination, die dieser leider nicht verwirklichten Idee zugrunde gelegen ist. Denn Brunelleschi, den man 1434 für den damals notwendig gewordenen Neubau einer baufällig gewordenen Augustinerkirche gewonnen hatte, plante die Kirche und den damals sie noch zur Gänze umrundenden Platz so zu situieren, daß sie mit ihrer Hauptfassade nach Norden und damit zum nahen Arno gewendet gewesen wäre. Es war eine kühne Komposition. Sie enthielt völlig neue städtebauliche Gesichtspunkte und verrät nachdrücklich die geniale Handschrift Brunelleschis. Aber obgleich man dem Architekten freie Hand bei der Durchführung seines kühnen Vorhabens garantiert hatte, konnte man sich dann doch nicht entschließen, ihm auch bei der tatsächlichen architektonischen Gestaltung vollkommene Unabhängigkeit zu gewährleisten.

Santo Spirito ist dennoch ein musterhaftes Beispiel für die neue Spiritualität der Renaissancekunst geworden. Und das ungeachtet auch des tragischen Umstandes, daß Brunelleschi wenige Tage nach dem endlich ermöglichten Baubeginn starb. Denn tatsächlich konnte, nachdem 1436 mit der Fundamentierung begonnen worden war, erst 1446 die erste Marmorsäule herangeschafft werden, die dann wiederum erst neun Jahre später errichtet wurde. Und erst 1482 konnte Santo Spirito – durch Salvi d'Andrea – endgültig vollendet werden. Wesentlich aber war, daß man sich stets an Brunelleschis Pläne gehalten hat, obgleich seine Konzeption den minder begabten nachfolgenden Baumeistern gelegentlich arges Kopfzerbrechen bereitete.

Die Kirche hat die Form eines Kreuzes. Das ist noch nicht ungewöhnlich. Was an Santo Spirito – worunter man übrigens den ganzen sakralen Komplex mit Kirche, Sakristei, Campanile, Klostergebäuden und den drei Kreuzgängen verstehen muß – tatsächlich einzigartig ist, hat mit der Verwirklichung von Brunelleschis römischem Traum zu tun. Das heißt, daß die entscheidenden Elemente dieses Bauwerkes unmißverständlich der Antike nachgebildet sind, ein Eindruck, den vor allem das Kirchenschiff mit seinen von Säulen getragenen Bogenstellungen vermittelt. Eckart Peterich gab dazu einmal eine ebenso schöne wie einfühlsame Erklärung, indem er schrieb, daß dieser Bau auf ihn vielleicht deshalb so wunderbar klar und zugleich auf das Ewige und auf den Menschen bezogen wirke, weil er die mathematische Strenge der Grundformen mit plastischer Gestaltung der Schmuckformen verbinde. „Innerhalb dieser genau vorberechneten Raumverhältnisse, die dem Betrachter aber nicht gleich bewußt werden, stehen die schwellenden Säulen aus zarter ‚pietra serena' . . . gewissermaßen als das Menschliche."

So ist diese Kirche von Santo Spirito inmitten des ausgedehnten Klosterkomplexes zweifellos ein denkwürdiges Beispiel europäischer Baukunst, wobei es allerdings der Phantasie des Besuchers freigestellt bleibt, den Umstand zu beklagen oder ihn als gegeben hinzunehmen, daß die Kirche nicht dem Arno zugewendet errichtet werden konnte. Es hätte diese ursprüngliche Idee Brunelleschis die ohnedies beträchtliche Wirkung dieses sakralen Bauwerkes gewiß ins Großartige gesteigert.

Ringen um neue Formen

Einige der wichtigsten Bau- und Kunstwerke, die uns heute nach Florenz locken und uns angesichts ihrer Anmut, Schönheit und Doppelbödigkeit oder ihrer Perspektive wegen bewegen und verzaubern, sind im 15. Jahrhundert entstanden oder fertiggestellt worden. Das ist unter anderem deshalb so bemerkenswert, weil die politische Situation gerade in den ersten Jahrzehnten und dann wiederum gegen Ende dieses Jahrhunderts, das für Florenz wohl das bedeutungsvollste in seiner Geschichte sein sollte, ungemein schwierig war. Es entwickelte sich in dieser Zeit der spröde und zugleich faszinierende Charakter dieser Stadt zu einem später nicht mehr wiederholbaren Höhepunkt, was nicht zuletzt mit der überragenden Persönlichkeit eines einzigen Mannes zu tun hatte, mit Cosimo de'Medici, dem Vater des Vaterlandes, wie er sich gern nennen ließ, wohl wissend, daß diese Bezeichnung mehr ausdrückte als bloße Schmeichelei. Ich habe an anderer Stelle, jedoch in einem ähnlichen Zusammenhang einmal geschrieben, daß man im Verhältnis zu den unruhigen und auch in wirtschaftlicher Hinsicht nicht immer abgesicherten Jahrzehnten, in denen Cosimo, den sie auch den Alten nannten, regierte, nur die Namen jener Künstler zu nennen brauche, die ihr Werk im Dienste der Stadt vollendeten, um das ganze Ausmaß der geistigen Bewegung zu begreifen, das damals Florenz erfaßt hatte. Dazu vielleicht als Ergänzung das Wort eines Mannes, der sich viele Jahre lang mit den Medici beschäftigt hat und der einmal schrieb: „Um 1434 muß selbst ein ungeübter Blick erkannt haben, daß der Beitrag der Florentiner zum geistigen Leben der Zeit mehr zur nüchternen Überlegung tendierte als zur ekstatischen Vision. Dies entsprach auch Cosimo de'Medicis eigener Einstellung zum Leben und zum Geschäft . . . Er sah sich selbst nicht als Intellektuellen; dazu wäre er auch nicht berechtigt gewesen. Er hatte aber ein kluges und beständiges Interesse an Kunst und Literatur, und dieser Wesenszug verstärkte wahrscheinlich seinen ebenso echten Patriotismus. Außerdem waren seine kulturellen Neigungen ein gutes Argument gegen die Behauptungen seiner Feinde, er sei ein bloßer Kaufmann, ein Geldscheffler, dem die Feinheiten der Staatskunst ein ewig undurchdringliches Mysterium bleiben würden." (J. Cleugh)

Diesen Verdacht könnte freilich allein schon der Umstand entkräften, daß der alternde Cosimo sich immer häufiger und immer länger nach San Marco zurückzog, wo er im sanften Widerschein der Farben Fra Angelicos geistige Erholung suchte von den Anstrengungen des politischen Geschäfts. Ein Mann, der mit der Kunst lediglich koketten Umgang pflegt, ist zu solcher meditativen Haltung, wie er sie überzeugend demonstrierte, wohl kaum fähig.

In jenen für die florentinische Kunst entscheidenden vier Jahrzehnten zwischen 1430 und 1470, als hier das kulturelle Zeitalter der Renaissance früher und eindrucksvoller begann als anderswo in Italien, arbeiteten in dieser Stadt Baumeister wie Brunelleschi und Michelozzo, die Maler Botticelli, Fra Angelico, Uccello, Lippi, Benezzo Gozzoli oder die Brüder Pollaiuolo, Künstler wie Donatello, Ghiberti, Luca della Robbia oder Mino da Fiesole und Dichter wie Alberti, Poggio, Filelfo, Historiker, Philosophen und eine Unzahl von mehr oder minder talentierten Intellektuellen, denen die Beschäftigung mit der einen oder anderen Kunstgattung mehr als nur bloße Liebhaberei bedeutete. Im Zusammenwirken all dieser Kräfte, aller Möglichkeiten menschlicher Daseinsformen und politischer Souveränität entstand das Zeitalter der Renaissance. „Was die Neuerer suchten", schrieb Peterich, „das war zunächst eine neue Form. Dabei gingen sie von der in Italien nie ganz vergessenen Antike aus." Den Anstoß für das Neue und bis dahin eigentlich Unerhörte in der florentinischen Kunst hatte also die Wiedererweckung des klassischen Altertums gegeben, die Entdeckung der Welt und der Menschen. Aber ermöglicht worden war diese Wiederentdeckung, war dieses völlig neue Lebens- und Kunstgefühl von den wohlhabenden Bürgern der Stadt, von den Textilfabrikanten und Bankiers, von den Kaufleuten und reich

gewordenen Handwerkern, deren selbstverständliches Mäzenatentum die materiellen Voraussetzungen dafür schuf, daß Florenz neben und mit dem päpstlichen Rom die führende Kunststadt des Abendlandes wurde.

Und gerade in diesem Zusammenhang muß nachdrücklich an die Wirkung einer Persönlichkeit wie die des Cosimo de'Medici erinnert werden, an das weiterwirkende Beispiel, das dieser Mann setzte, der auch nichts weiter als ein Bürger war, der bedeutendste, einflußreichste und wahrscheinlich auch vermögendste seiner Zeit in Florenz, aber einer ohne jeden Titel, ohne jede gewachsene oder ererbte Macht und dessen Tod dann durch ein Grabmal des großen Donatello eine fast unwirklich anmutende Erhöhung fand. Aber Cosimo, ein eher magerer, olivenhäutiger, etwa mittelgroßer Mann mit einem ausgeprägten Gesicht, wie ihn zeitgenössische Schilderungen beschreiben, der, abgesehen von drei kurzen Amtszeiten als Gonfaloniere der Stadt, nie irgendwelche bedeutenden Ämter bekleidete und auch nie vom Ehrgeiz besessen war, die Stadt offiziell zu regieren, Cosimo wirkte allein schon durch seine Persönlichkeit und nötigte sozusagen die anderen Chefs der führenden florentinischen Familien, seinem Stil nachzueifern. Er war zweifellos ein Tyrann, wenn man dieses Wort in seiner ursprünglichen Bedeutung begreifen will. Aber die von ihm klug errichtete Tyrannis war eine indirekte, vergleichsweise sanfte und nur auf das Wohl der Stadt ausgerichtete. James Cleugh charakterisierte ihn in aller Knappheit einmal so: „Wenn es also stimmt, daß Cosimo durch den Reichtum an seinen Platz gelangte, dann waren es seine Persönlichkeit, seine bescheidene Art und sein geschickter Umgang mit dem unbeständigen Temperament der Florentiner, die ihm diesen Platz sicherten. Hinzu kam, daß er aus angeborener Großzügigkeit und auch aus Patriotismus – und versehen mit dem Instinkt aller Diktatoren – das Volk von Florenz zufriedenstellte. Er baute Kirchen, Klöster und Bibliotheken und entfaltete kulturelle Kraft. Unter Cosimo wuchsen Schönheit und Ruhm von Florenz ebenso wie der Reichtum der Stadt und ihre politische Stabilität."

Palazzo Medici, Galleria barocca, Deckenfresko Apotheose der Medici-Dynastie von Luca Giordano

Verfügten Cosimo und die ihm nachfolgenden anderen Medici über einen Zauber, der sie die Herzen der Florentiner mit fast spielerischer Leichtigkeit erobern ließ? Das Geheimnis der Medici, die nicht nur kaltblütige Politiker und skrupellose Geschäftsleute, sondern auch großzügige, kunstsinnige Mäzene waren, bestand wahrscheinlich darin, daß sie als erfahrene Bankiers niemals gegen die Vernunft, gegen die abstrakte Intelligenz der Stadt operierten, die sie zu beherrschen wünschten. Sie traten immer als Diener dessen auf, was ihnen in Wahrheit untertan war. Und sie begriffen die Rolle der Kunst und ihre eigene mäzenatische Situation bei diesem Schauspiel, dessen unendlich geduldige und begabte Regisseure sie waren, als einen wesentlichen Teil der florentinischen Existenz. Wer imstande ist, sowohl Michelangelo als auch levantinische Handelskompanien, sowohl britische Könige als auch Männer wie Cellini oder Donatello zu finanzieren, der braucht keine verlustreichen Feldzüge, keine blutigen Schlachtopfer, um an Größe und Einfluß zu gewinnen. Die Medici beherrschten durch ihren Verstand und durch ihr merkantiles Genie – das immer auch das Risiko des Verlustes einkalkulierte – Königreiche und Päpste, Republiken und Fürstenhöfe. Sie benahmen sich wie gutmütige Patriarchen und etablierten in Wahrheit eine rundum abgesicherte Diktatur. Aber im Gegensatz zum frommen Fanatiker Savonarola, dem Kunst ein Teufelswerk zu sein schien und der Bilder und andere Kunstwerke verbrennen ließ, förderten sie die Kunst mit allem Nachdruck. Das zynische Wort über die politische Nützlichkeit von Brot und Spielen, welche man dem Volk in beliebiger Menge anbieten müsse, um es zufriedenzustellen, wandten sie in der Praxis auf bemerkenswerte Weise und vor allem auch auf hohem Niveau an. Sie regierten scheinbar demokratisch, vertrauten aber stets nur auf ihre eigenen Fähigkeiten.

Es ist mehr als nur eine charakteristische Anekdote, wenn man sich der nachsichtigen Toleranz entsinnt, die ein so schwieriger Mensch wie Michelangelo durch die Medici erfahren hat, der bis zum Tode Lorenzo de'Medicis jede Freiheit genoß. Es sei mehr als zweifelhaft, schreibt einer der Biografen dieser Familie, ob der ungesellige, ja rabiate Michelangelo unter irgendeinem anderen Herrscher auf so uneingeschränkte Weise zur Reife gelangt wäre.

Es ist also gar nicht unbillig zu fordern, sich in Florenz vor jedem bedeutenden Kunstwerk auch auf das Zeitalter zu besinnen, in welchem es entstanden ist. Denn auf diese Weise wird man nicht nur die Handschrift des jeweiligen Künstlers genau kennenlernen, sondern auch die Persönlichkeit des Mäzens besser verstehen, der das Kunstwerk ermöglichte.

Es wird nun vielleicht manchen Kenner der Stadt am Arno überraschen, wenn ich in diesem Zusammenhang an die Kirche von Santa Trinità erinnere, die nur ein paar Schritte stadteinwärts von der gleichnamigen Brücke entfernt am Beginn der Via de'Tornabuoni liegt, gänzlich von Häusern umbaut, von außen eher unansehnlich, was wohl auch damit zusammenhängt, daß selbst der kleine Platz, der vor dieser Kirche die Via de'Tornabuoni etwas auflockert, dem Betrachter kaum Gelegenheit gibt, die nicht sonderlich auffällige Fassade zu bewundern. Aber Santa Trinità, das nicht zu den ältesten, wohl aber berühmtesten Gotteshäusern der Stadt zählt, wirkt durch seine Geschichte, durch den Umstand, daß die Sakristei einst eine Familienkapelle der Familie Strozzi war, und durch einen bedeutenden Freskenzyklus des Domenico Ghirlandaio, welcher in den Jahren zwischen 1479 und 1486 entstanden ist, also in einer Zeit, da beispielsweise der legendäre Reichtum der Medici bereits im Schwinden begriffen war, was dann auch politische Folgen haben sollte . . . Die Kirche ist vor allem auch ein wirkungsvoller Anziehungspunkt für die Einheimischen, und das eines Brunnens wegen, dessen Wasser einst viele Florentiner vom Seuchenfieber befreite, was dem Wirken eines nur in Florenz populären Heiligen zugeschrieben wird, nämlich dem des heiligen Giovanni Gualberto. In der Kirche befindet sich auch ein berühmtes Kruzifix, von welchem sich im Jahre 1003 Christus dem Heiligen entgegengebeugt haben soll, um ihn zur verzeihenden Milde gegenüber den Mördern seines Bruders zu bewegen. Dieses auf eine Tafel gemalte Kruzifix, das sich ursprünglich in San Miniato befunden hatte, wird den Gläubigen allerdings nur zur Osterzeit gezeigt. Früher einmal soll es freilich, wie man mir versicherte, auf dem Hochaltar von Santa Trinità aufgestellt gewesen sein.

Ich habe eigenartige und sehr starke Erinnerungen an diese Kirche. Da befindet sich gleich rechts vom Eingang ein künstlerisch eher bescheiden wirkender, kupferfarbener Christus, auf dessen schmerzgekrümmten Leib stets das Licht zahlreicher Kerzen fällt. Es sind, soweit ich das beobachten konnte, fast ausnahmslos Frauen – junge Mädchen, ehrbare Matronen, Frauen aller Gesellschaftsschichten –, welche vor diesem Christus ihr Gebet verrichten und eine Kerze anzünden. Die Votivgaben, welche ihn weniger dekorativ als ein wenig kitschig umrahmen, bestehen vor allem aus Herzen in jeder Form und in den verschiedensten Ausführungen. Aber als ich mich nach Sinn und Bedeutung dieser Votivgaben erkundigte, erhielt ich nur ein vielsagendes Achselzucken, ein augenzwinkerndes Lächeln zur Antwort. Wahrscheinlich habe ich die falschen Leute gefragt. Und wahrscheinlich ist dieser bescheidene Christus eine Art Anlaufstation in Herzensangelegenheiten. Rührend und manchmal auch bewegend ist die Hingabe in jedem Fall, mit welcher hier sowohl dem frommen Zeremoniell als auch dem unausrottbaren Aberglauben gehuldigt wird.

Ein anderes, historisch und kulturgeschichtlich gleichermaßen bedeutendes Denkmal ist in dieser Kirche das Lünettengrab Onofrios di Palla Strozzi, eines der Ahnherren dieser berühmten Familie, der auch als großzügiger Stifter für die Vallombrosaner, deren Hauptsitz in Florenz Santa Trinità heute noch ist, in Erscheinung getreten war. Das Grab, das sich an der linken Wand des Altarjochs befindet, soll von Donatello entworfen worden sein, wofür es jedoch keine überzeugende dokumentarische Bestätigung gibt. Ein anderer berühmter Maler, nämlich Uccello, hat einst über dem nördlichen Portal einen kleinen Freskenzyklus angefertigt, von dem sich jedoch nur noch dürftige Reste erhalten haben.

Am berühmtesten aber ist zweifellos die sogenannte Sassetti-Kapelle gleich neben dem Eingang zur Sakristei. Ghirlandaios Darstellung der franziskanischen Legende, welche diese Kapelle zur Gänze erfüllt, ist eine der wichtigsten Stätten der florentinischen Frührenaissance. Wie auf einem Bilderbogen erkennt man hier, eingebettet in die religiöse Thematik, einige der bedeutendsten Mitglieder der Medici-Familie, aber auch andere wichtige Figuren jener Zeit; so etwa findet sich hier auch das Porträt des Stifters Francesco Sassetti. Ghirlandaio schilderte mit großer künstlerischer Genauigkeit und in prachtvollen Bildern florentinisches Alltagsleben seiner Zeit.

Eine Vorstellung von diesem Alltagsleben und auch von den sittlichen Verhältnissen in jener Zeit mag man bekommen, wenn man sich das unruhige Leben des Malers und Mönches Filippo Lippi vergegenwärtigt, welcher der Vater jenes Filippino Lippi war, der in der Brancacci-Kapelle zu Santa Maria del Carmine einige der schönsten Fresken des Masaccio fertiggestellt hat. Filippo Lippi, 1406 geboren und aus dürftigsten Verhältnissen stammend, wurde von seinen Eltern in den Straßen von Florenz buchstäblich ausgesetzt. Es grenze an ein Wunder, pflegte er später gelegentlich zu erzählen, daß er nicht verhungert sei. Im Alter von acht Jahren wurde er Mönch, das heißt, er wurde von mildtätigen Franziskanern aufgenommen und in den ersten Mysterien ihrer Ordensregel unterwiesen. Mit zehn begann er zu malen, einige Jahre später war er bereits ein gefürchteter Raufbold und zudem über die engen Klostermauern hinaus als Künstler bewundert. Als Siebzehnjähriger entführte er ein Mädchen aus gutbürgerlichem Haus nach Ancona, wurde von sarazenischen Piraten, welche damals die Adria unsicher machten, überfallen und nach Nordafrika verschleppt. Dort skizzierte er angeblich das Porträt eines Paschas so kunstvoll an die Wand seiner Sklavenzelle, daß man ihn unverzüglich freiließ. Er gelangte jedenfalls auf irgendwelchen abenteuerlichen Umwegen nach Neapel, lebte vom Verkauf rasch hingeworfener Porträts, wobei sein Absatz- und Arbeitsgebiet hauptsächlich Kaschemmen und Bordelle waren. Irgendwie kam er wieder nach Florenz zurück, wo Cosimo de'Medici rasch auf diesen ungewöhnlichen Mann aufmerksam wurde und ihn, der nominell immer noch ein Franziskaner war, auch erheblich förderte. Aber Lippis Lebenswandel war wenig erfreulich. Schließlich wurde er zum Kaplan eines Franziskanerklosters in Prato ernannt, was ihn jedoch nicht daran hinderte, dort eine Novizin namens Lucrezia Buti zu verführen und mit ihr ein Kind zu zeugen, nämlich eben jenen Filippino Lippi, der später einmal als Maler seinem legendären Vater alle Ehre machen sollte.

Übrigens durfte Filippo Lippi auch Piero de'Medici zu seinen Förderern zählen. Und selbst der große Humanist und feinsinnige Poet Äneas Silvius, der als Papst Pius II. zwar ein großer Mäzen, jedoch ein eher unglücklich agierender Politiker sein sollte, unterstützte den leidenschaftlichen Florentiner. Nach dem Skandal mit der Novizin wurden die beiden Liebenden aus dem Kloster davongejagt, aber nur, um das heilige Sakrament der Ehe zu vollziehen, was Lippi nicht daran hinderte, seine junge Frau mit dem gerade erst geborenen Sohn einfach sitzen zu lassen. Er wurde ein berühmter Maler und blieb der zügellose Charakter, der er stets gewesen war. 1469 starb er. Angeblich wurde er vergiftet. Und angeblich sollen es Verwandte jener Lucrezia Buti gewesen sein, deren Leben er zerstört hatte, die nunmehr dafür sorgten, daß Lippi seiner gerechten Strafe nicht entging.

Solche Geschichten gehen einem durch den Kopf, wenn man in den florentinischen Kirchen und Museen Kunstwerke bewundert, auf denen ein vergangenes Zeitalter wieder lebendig wird und deren Schöpfer und Mäzene gleichermaßen dafür gesorgt haben, daß uns dieses Zeitalter in seiner ganzen blutvollen und wüsten Lebendigkeit wieder vergegenwärtigt wird.

Auch Domenico Ghirlandaio, der Schöpfer dieser prachtvollen Fresken in der Sassetti-Kapelle in Santa Trinità, war Vater eines begabten Sohnes namens Ridolfo, der sich als Porträtmaler einen ausgezeichneten Ruf in Florenz erwerben durfte. Aber im Gegensatz zu den Lippi war bei den Ghirlandaio der Vater zweifellos die stärkere Begabung. Und auch der Lebenswandel der beiden unterschied sich ganz erheblich von jenem Filippo Lippis.

Ich habe es mir in Santa Trinità zur Gewohnheit gemacht, in einer Betbank vor der Cappella Sassetti so lange zu warten, bis irgendein Besucher ein 100-Lire-Stück in den Automaten warf, der dann dafür sorgte, daß Ghirlandaios Fresken in gleißendes Licht getaucht wurden. Es war das Wechselspiel zwischen dieser fast aufdringlichen Helligkeit und dem schattenerfüllten Halbdunkel der Kirche, das Ghirlandaios Figuren in eine fast tänzerische Bewegung versetzte, alle diese Heiligen, Priester und Florentiner Bürger wie in einem Reigen vorführte und die kräftigen Farben – ein schönes Violett ist mir in Erinnerung geblieben, ein entflammtes Rot, ein zartes Elfenbein und ein fahles Grau – zu besonderer Geltung brachte. Die Charakterköpfe der Figuren blickten mich ernst und bedeutungsvoll an. Gesichter waren das, die mit einer weit zurückliegenden Wirklichkeit zu tun hatten und die mir doch so gegenwärtig waren, als würden sie als Zeitgenossen auftreten.

Von Santa Trinità zur gleichnamigen Brücke sind es nur ein paar Schritte. Die Florentiner sagen, der Ponte di Santa Trinità sei die schönste Brücke der Welt überhaupt, was bedeutet, daß sie ihr den Vorzug auch vor dem berühmteren Ponte Vecchio geben. Vielleicht hängt das damit zusammen, daß der Wiederaufbau gerade dieser Brücke – sie war wie alle anderen Arnobrücken mit der Ausnahme des Ponte Vecchio im Krieg zerstört worden – besonders mühevoll war. Dazu muß man vielleicht die Geschichte des Ponte di Santa Trinità kennen. Im Jahre 1560 wurde Michelangelo gebeten, einen Entwurf für einen neuen Flußübergang zu zeichnen, nachdem 1557 bei einem Hochwasser der Vorgängerbau zerstört worden war. Michelangelo entwarf tatsächlich eine Skizze, nach der dann Bartolommeo Ammanati in den Jahren 1566 bis 1569 den Ponte di Santa Trinità baute. In der Nachkriegszeit bemühte man sich nun um eine möglichst originalgetreue Rekonstruktion. Aus den zahllosen Fragmenten und Blöcken, die im Flußbett des Arno verstreut waren, gestaltete man in einer beispielhaften technischen und auch denkmalpflegerischen Aktion die Brücke neu, wobei man sich auf die alten Bauzeichnungen stützte, die man in den Archiven aufstöberte, und den Stein aus jenem Steinbruch holte, der bereits im 16. Jahrhundert für die Errichtung der alten Brücke das Material geliefert hatte. 1961, als man bei Baggerarbeiten endlich den noch fehlenden Kopf der Statue „Frühling" im Fluß entdeckte – es schmücken vier Figuren die Brücke, welche die verschiedenen Jahreszeiten symbolisieren –, war dann der Neubau, der die Phantasie der Florentiner über viele Jahre hinweg nachdrücklich beschäftigt hatte, endlich vollendet. Seit damals freilich, als man fieberhaft den verschwundenen Kopf der Statue gesucht hatte, ist auch eine ironische Bemerkung zur geläufigen Phrase geworden: „Cercasi testa, anche usata", was soviel bedeutet wie „Kopf gesucht, auch wenn er gebraucht ist . . ."

Vom Umgang mit der Wirklichkeit

Es war an einem kalten Märztag. Der Tramontana blies von den Bergen herab. Es war ein schöner Tag mit blauem Himmel und mit einer Sonne, die wie ein roter Feuerball ihre Bahn zog. Aber die Temperatur war dramatisch gesunken und die Luft eisig. Am späten Nachmittag gegen fünf Uhr, von der Piazza di Santa Maria Novella kommend, erblickte ich wie immer, wenn ich diesen Weg in die Innenstadt einschlug, zuerst die Domkuppel Brunelleschis, die als ein rosafarbener Ballon über den Dächern hing, und wenig später auch Giottos Campanile. Es hätte ein gewohnter Anblick sein sollen. Dieses Bild prägt sich einem ein, wenn man häufig in Florenz ist.

Aber diesmal war es anders. Härter oder auch kompromißloser. Es war das Licht, das entlarvend wirkte. Dieses schneidende, mitleidlose Licht im weiten, vom Tramontana leergefegten Talkessel inmitten der grünbewachsenen Hügel und Berge, die jetzt eine Kälte vermittelten, die frösteln machte. Das Weiße des schmalen Turms war abweisend und distanzierend. Er wirkte plötzlich wie ein langer und knochiger Finger, daran noch Flecken eingetrockneten Blutes zu erkennen waren, ein Rot, das schaudern machte, dazu ein grünlicher Schimmer, der den Eindruck von Kälte noch verstärkte, den der Campanile an diesem Spätnachmittag im März vermittelte. Das alles war zwar nach wie vor von fast vollkommener Schönheit; aber es war eine kühle, fremde Schönheit. Man durfte sich einen Hauch von Feindseligkeit einbilden. Und man fror nicht allein des eisigen Tramontana wegen.

Nur die Liebespaare auf den Steinbänken der Piazza di Santa Maria Novella, denen man hier zwischen den beiden 1608 entstandenen Obelisken, die auf Schildkröten ruhen, spätestens in der Mittagspause erstmals begegnen kann, kümmerten sich weder um die Kälte noch um irgendwelche Eindrücke, die ein bedrohlich himmelwärts schießender Campanile hinterläßt. Im Hintergrund des Platzes – über den einst unter der Herrschaft

Cosimos I. die Kutschen jagten und Pferderennen abgehalten wurden, wobei die zwei Obelisken auf den von Giovanni da Bologna angefertigten Bronze-Schildkröten die Wendepunkte markierten – unterhielten sich Huren, die entlang der ostseitigen Häuserfront aufgefädelt standen, mit ihrer möglichen Kundschaft. Und einige Chinesen, die mit dem neuen chinesischen Restaurant an der Piazza zu tun hatten, standen wie jeden Tag zwischen parkenden und anfahrenden Autos oder rund um den Zeitungskiosk mit seinen pornografischen Magazinen; oder sie warteten geduldig, bis eine der Steinbänke von einem Liebespaar freigegeben wurde, um darauf ihr Schachspiel aufzustellen. Aber bei allem, was sie taten, wirkten sie nicht so, wie man sich Chinesen im allgemeinen vorstellt. Nicht fröhlich, lärmend, schwatzend. Nicht wie Menschen, die sich zerstreuen wollen. Es waren, bilde ich mir ein, zu Florentinern gewordene Chinesen. Ihre Gesichter waren zu ernst und wie von einer großen Anstrengung gekennzeichnet; und als ob auch sie die kalte, distanzierte Schönheit des Campanile stumm gemacht hätte. Die unvermeidlichen Tauben, frech und dick und schmutzig, flatterten allerdings wie immer über den kiesbestreuten Mittelpunkt des Platzes. Vom nahen Bahnhof pfiff gelegentlich eine Lokomotive herüber. Und das alles hätte möglicherweise eine Idylle sein können, wenn es in einer anderen italienischen Stadt stattgefunden hätte. Aber in Florenz kommen Idyllen kaum vor. In Florenz muß man sich, wenn man etwas von der Wirklichkeit des Lebens und von den Menschen, die darin verwickelt sind, erfahren will, häufig mit Kunstwerken beschäftigen. Florenz ist die abweisendste Stadt, die ich südlich der Alpen kenne. Man muß unendlich viel Geduld aufbringen, um etwas von dem wirklich kennenzulernen, was das Alltagsleben ausmacht. Wobei es ohnedies fraglich ist, ob es in Florenz ein Alltagsleben im altmodischen Sinne dieses Wortes gibt.

Jenem Cosimo I., der um die Mitte des 16. Jahrhunderts dafür gesorgt hatte, daß auf dem weiten Platz vor dem Dominikanerkloster Santa Maria Novella Kutschen- und Pferderennen abgehalten werden konnten, wird man in Florenz, so mag man sich das bei oberflächlicher Beobachtung einbilden, mindestens zweimal begegnen. Nämlich auf der Piazza Annunziata vor der gleichnamigen berühmten Wallfahrts- und Heiratskirche, wo er – oder jemand, der ihm auf frappierende Weise gleicht – hochaufgerichtet auf seinem riesigen Pferd sitzend, mit gelangweiltem Blick in Richtung Dom starrt; und dann, in kaum veränderter Haltung, auf der Piazza della Signoria. Es besteht da freilich ein eklatanter Unterschied. Obgleich die Täuschung, der man erliegen kann, durchaus verständlich ist.

Denn das Reiterstandbild auf der Platzanlage vor der Wallfahrtskirche Annunziata und dem berühmten Ospedale degli Innocenti, das Brunelleschi im Auftrag der Seidenmacherzunft in den zwanziger Jahren des 15. Jahrhunderts für die Aufnahme von Findelkindern erbaute, zeigt Großherzog Ferdinand I., den Sohn Cosimos I., für den Ferdinand übrigens jene pietätvolle Stiftung anordnete, welche in der Errichtung des imponierenden Reiterdenkmals auf der Piazza della Signoria bestand. Beide Denkmäler sind Arbeiten des gebürtigen Flamen und Wahlflorentiners Giovanni da Bologna, und einem ungeübten Auge kann es schon geschehen, daß es die beiden Großherzöge für ein und dieselbe Person hält. Zumal beider Männer Haltung einander ungemein ähnlich ist. Man denkt unwillkürlich an Philosophen, die von einem rätselhaften Schicksal dazu verurteilt sind, nunmehr auf riesigen Pferden der Welt ein ehrwürdiges Schauspiel zu liefern; und die das Nützliche einer solchen Haltung nicht ganz einzusehen vermögen. Dabei gibt es selbstverständlich ein paar Unterschiede. Das Denkmal des Großherzogs Ferdinand hat zwar Giovanni da Bologna entworfen; aber ausgeführt wurde es 1608 von einem Bildhauer namens Tacca. Das zum Guß benötigte Metall stammt übrigens von erbeuteten Türkenkanonen. Das Denkmal Cosimos I. hingegen ist eine Originalarbeit Giovanni da Bolognas, entstanden 1594, und Kenner oder Enthusiasten vergleichen es gelegentlich mit dem weltberühmten Reiterdenkmal Marc Aurels auf dem Kapitolplatz in Rom. Mir persönlich wächst es in jenen Augenblicken ans Herz, wenn eine der zahllosen Tauben, welche den Platz bevölkern, sich auf dem Haupt des Großherzogs niederläßt. Das verleiht dem strengen Pathos dieses Reiterstandbildes stets eine besondere Note.

Was den Großherzog Cosimo angeht, der im Gegensatz zu manchem anderen Medici einen hervorragenden Standplatz für seinen langwierigen Ritt in die Ewigkeit erhalten hat, so war er gerade siebzehn Jahre alt, als er 1537 an die Macht kam. Guicciardini, der bedeutendste und gerissenste Politiker seines Zeitalters, wenn man berücksichtigt, daß zu jenem Zeitpunkt Niccolò Machiavelli bereits etliche Jahre tot war, durfte sich einbilden, mit dem eher schüchternen und zurückhaltenden Medici – der allerdings einer Nebenlinie des großen Geschlechtes entstammte – leichtes Spiel zu haben. Aber Guicciardini, der damals die Fäden der florentinischen Politik in der Hand hatte, sollte sich wie alle anderen Politiker in der Person und im Charakter Cosimos gründlich täuschen. Denn schon wenige Monate nach seinem Amtsantritt schlug der junge Mann, der zweifellos eines der größten politischen Talente war, welche die Medici hervorgebracht haben, einen gegen ihn angezettelten Aufstand, der von Filippo Strozzi angeführt worden war, brutal nieder. Während die gewöhnlichen Rebellen auf einem Blutgerüst, das man auf der Piazza della Signoria errichtet hatte, unter recht drastischen Begleitumständen zu Tode gebracht wurden, sparte man sich Filippo Strozzi über Monate hinweg gleichsam auf, folterte ihn in der Fortezza da Basso, für deren Bau er noch wenige Jahre zuvor selbst große Geldmittel zur Verfügung gestellt hatte, bis er, erschöpft und entmutigt, Selbstmord beging; oder, wie behauptet wurde, heimtückisch ermordet wurde. Das war dann auch das unwiderrufliche Ende dessen, was man den Geist der Florentiner Republik und der florentinischen Demokratie genannt hat. Der Großherzog aber mag, während er auf seinem mächtigen Gaul über die Piazza della Signoria reitet, immer noch den Schreien seiner Opfer lauschen, die hier in seinem Namen hingerichtet wurden.

Das sind Geschichten, denen man in Florenz allenthalben begegnen kann. Und an die man durch Denkmäler, Kunstwerke, Bilder erinnert wird, deren ästhetische Bedeutung und künstlerischer Wert vorerst jeden Gedanken an das Düstere und Erschreckende unterdrücken, das sie repräsentieren. Aber irgendwann kommt der Augenblick, da man sich – nach wie vor von Kunstwerken sozusagen umstellt – nach dem Leben aus erster Hand sehnt. Oder auch in den Gesichtern der Menschen, an denen man vorbeikommt, nach Ähnlichkeiten sucht mit jenen Porträts, die man gerade erst auf einem Fresko in einer Kirche, auf einem Bild in einem Museum oder auf einem Reiterdenkmal bewunderte. In der Espresso-Bar des Florentiner Hauptbahnhofs begegnete ich fast jedesmal, wenn ich abreiste, einem etwa vierzigjährigen, vierschrötigen, kleingewachsenen Mann mit langem Haar, das seinem mächtigen Schädel, der auf einem Stiernacken saß, etwas Dämonisches verlieh; und dieser Mann war das Ebenbild jenes eher häßlichen Lorenzo de'Medici, dem man die Belesenheit eines Intellektuellen und das ästhetische Empfinden eines Poeten nachsagte und den wir von einem Porträt, das ein unbekannter Maler schuf, im Museo Medici kennen.

Solchen Ähnlichkeiten wird man häufig begegnen, sofern man offenen Aug's durch Florenz geht. Einmal bildete ich mir ernsthaft ein, das Ebenbild jener Simonetta Vespucci zu sehen, die anläßlich eines prunkvollen Turniers im Jahre 1475 ihr Glück machte, weil sich bei jener Gelegenheit ein junger Medici unsterblich in sie verliebte, und die dann auch noch das Vorbild für Botticellis Venus sein sollte, bevor sie, dahingerafft von der Schwindsucht, siebzehnjährig ins Grab sank. Ich sah dieses erstaunliche Geschöpf unter den Arkaden der Piazza della Repubblica, wo sie, postiert vor einem Kino, voll unerschrockener Gleichgültigkeit oder Standfestigkeit auf der Geige spielte, um sich auf diese ebenso ehrbare wie ganz und gar nicht ungewöhnliche Weise ein paar Lire zu verdienen. Ungewöhnlich war nur ihre Ähnlichkeit mit jener Simonetta; selbst das Alter der jugendlichen Geigenvirtuosin mochte annähernd stimmen. Und hätte ich eine Reproduktion der Venus des Botticelli zur Hand gehabt, so wäre ich überzeugt gewesen, hier der

Wiedergeburt der Simonetta Vespucci beiwohnen zu dürfen. Natürlich entbehrt es nicht eines gewissen Reizes, über fremde Gesichter, die in der Menge auftauchen, Brücken zu schlagen in eine Vergangenheit, der man nahezu überall in Florenz auf Hunderten von Kunstwerken jeder Form, jeder Größe begegnen kann; und sich dabei an Geschichten zu erinnern, die wiederum einen Bezug herstellen zum Schauplatz, an dem man sich jeweils befindet. Eines Tages vergnügte ich mich damit, einen kostümierten Tänzer zu betrachten, der vor dem berühmten Kaffeehaus „Rivoire" auf der Piazza della Signoria seine achtenswerten Kunststücke zeigte; und gleichzeitig beobachtete ich die Gäste, die wie ich im Kaffeehaus saßen – diese kleine Geschichte muß sich im Spätherbst abgespielt haben, wenn die Tische draußen auf dem Platz schon fortgeräumt sind – und dem Tänzer mit eher schläfrigen Blicken zusahen. Das war wie eine Szene aus jenen Jahrhunderten, als hier tatsächlich immer wieder große Turniere und andere Festlichkeiten stattfanden, wobei natürlich auch Tänzer auftreten durften, um von einem reichlich gelangweilten Publikum, das handfestere Attraktionen gewohnt war, mit mäßiger Aufmerksamkeit betrachtet zu werden. Wer sich über solche Schauspiele informieren will, braucht nur ins Museum „Com'era" unweit des Doms zu gehen, wo zahlreiche Veduten und Stiche Florenz zeigen, wie es einst ausgesehen hat.

Und dennoch befriedigen solche Umwege nicht immer. Mir fehlen zum Beispiel in Florenz die überall in Italien sonst typischen Restaurant-Komödianten, wie ich sie nennen möchte, jene Männer also – Frauen spielen in diesem Zusammenhang merkwürdigerweise keine Rolle –, die aus einem ganz gewöhnlichen Restaurantessen einen Auftritt von hohem theatralischem Können zu inszenieren verstehen. Mimik und Rhetorik spielen dabei eine außerordentlich wichtige Rolle. Das lautstarke Gespräch mit dem Wirt – niemals mit dem Kellner – sollte selbstverständlich sein. Ebenso die umständliche Besprechung dessen, was man essen könnte, aber nicht essen will, weil man gänzlich andere Vorstellungen davon hat, was man essen möchte. Derbe Späße dürfen nicht fehlen. Aber sie müssen von jenen winzigen tragischen Augenblicken abgelöst werden, in denen man sich der Hinfälligkeit des eigenen Körpers entsinnt. Ein düsterer Hauch von Entsagung verleiht dann der Szene einen gleichsam sittlichen Anspruch. Was natürlich nichts daran ändert, daß nach einer solchen Ouvertüre alles das auf den Tisch kommt, was ein normales Essen zu einer hinreißenden Völlerei macht.

Nicht so in Florenz. Hier geht man ins Restaurant, um sich zu sättigen. Der Tonfall, in welchem man sich über die Reihenfolge der Speisen berät, ist gedämpft. Die Witzchen, die man macht, erheitern bestenfalls die Gäste an den nächstgelegenen Tischen, aber niemals das ganze Lokal. Und auch die unvermeidlichen tragischen Augenblicke, in denen man seine Gebrechen aufzählt, um ein besonders üppiges, schwerverdauliches Angebot abzulehnen, enthalten einen sachlichen Unterton.

Selbst die Taxichauffeure, Italiens begabteste Volkskomödianten, sind in Florenz auf eine fast beängstigende Weise höflich und diszipliniert; oder auch unwirsch, ruppig und wortkarg. Aber niemals ist mir ein Florentiner Taxichauffeur begegnet, wie man sie in Rom, Neapel oder gar in Palermo antrifft, wo sie wie Akteure eines großen Welttheaters auftreten, temperamentvolle Philosophen, scharfzüngige Zyniker und ausgestattet mit der illusionslosen Weisheit eines Volkes, das zu oft geprügelt und gedemütigt worden ist, als daß es sich den nüchternen Umgang mit der Wahrheit noch erlauben könnte. Oder auf den lebensrettenden Witz verzichten dürfte. Als ich einmal bei strömendem Regen ein Taxi für eine Fahrt von wenigen hundert Metern von meinem Hotel zum Bahnhof anforderte und mich später beim Chauffeur dafür entschuldigen wollte, erklärte mir dieser völlig ernsthaft, daß es nichts weiter als seine Pflicht sei, mich dorthin zu fahren, wohin ich es wünschte. Anderswo in Italien wäre das ein Anlaß für einen bühnenreifen Konflikt gewesen, der nur durch ein ordentliches Trinkgeld bereinigt hätte werden können. Ein einziges Mal nur lernte ich in Florenz einen Taxichauffeur kennen, der – nachdem er absichtlich einen beachtlichen Umweg eingeschlagen hatte und von mir dann darauf aufmerksam gemacht worden war – eine winzige Probe dessen lieferte, was dem mediterranen Temperament möglich ist. Er warf seine Hände in die Höhe, wandte sich zu mir, der ich im Fond des Wagens saß, mit einem Ausdruck vollkommener Verzweiflung um und biß sich augenrollend in die Hand . . . Zuletzt, als ich den Wagen verließ und ihn fragte, aus welcher Gegend der Toskana er eigentlich käme, schüttelte er nur den Kopf. Er stammte aus Brindisi.

Die Florentiner sind also ernsthafte Menschen. Sie sind das, was man seriös nennen mag. Sie arbeiten angestrengt, um sich ihrer sozialen Verpflichtung zu entledigen; um das, was man in einer ordentlichen Gemeinschaft darstellen muß, auch tatsächlich zu verwirklichen. Manchmal ging ich in eine kleine Rosticceria, „La Spada", sie liegt in der schmalen, kurzen Via dei Mori unweit der Piazza Santa Maria Novella, und ich war bald, nachdem ich zuerst eher zufällig dorthin gelangt war, von der Korrektheit der jungen Leute, die im Service arbeiteten, und von der Küche angetan. Irgendwann ergab es sich, daß ich mit dem noch recht jungen Padrone ins Gespräch kam. Er war das charakteristische Produkt seiner Eltern und dieser florentinischen Ernsthaftigkeit, der gelegentlich ein Zug ins Angestrengte eignet. Sein Vater besaß einen kleinen Fleischerladen gleich um die Ecke. Die Mutter stand in der Küche. Er selbst rackerte und sparte, um eines Tages die Treppe hinaufzufallen, wie er sagte. Im Umgang mit einem sogenannten Restaurant-Komödianten wäre er wahrscheinlich linkisch und wortkarg gewesen. Dafür waren die Portionen in seinem Lokal ausgiebig und die Preise für florentinische Verhältnisse ausgesprochen niedrig.

Solche Impressionen, wie ich sie hier eher ungeordnet, beiläufig erzähle, können natürlich keinen Anspruch darauf erheben, den Florentiner Volkscharakter umfassend zu beschreiben. Es sind das alles nur Momentaufnahmen, flüchtige Skizzen, welche allerdings die Vermutung zulassen, daß der Florentiner tatsächlich, wie von italienischen Autoren des öfteren behauptet wird, mißtrauisch, ehrgeizig, tüchtig, ernsthaft, begabt für den Zynismus und ungemein nüchtern sei.

Und freilich auch durchaus fähig zur hemmungslosen Brutalität und zum schrankenlosen Aberglauben, wie ich doch hinzufügen möchte. Was die Brutalität angeht, so gibt es aus der Vergangenheit genügend Beweise dafür, wobei man nicht unbedingt an jene entsetzlichen Vorkommnisse auf der Piazza della Signoria erinnern muß, als die Florentiner im Sommer 1343 den sogenannten Herzog von Athen, dem sie wenige Monate zuvor zur Macht verholfen hatten, aus dem Palazzo Vecchio vertrieben und dabei zwei seiner Paladine buchstäblich in Stücke rissen und deren Fleisch in einem Anfall von Ekstase hinabwürgten. Allein dieser Platz hat soviel an Enthemmtheit und Barbarei erlebt, daß sein Pflaster – um 1330 entstanden und erst im 17. Jahrhundert durch einen neuen Belag abgelöst – in der Tat ein blutgetränktes genannt werden kann.

Glaube und Geschäft

Nahezu niemand kann sich heute noch vorstellen, welchen Einfluß einst die Kirche oder eigentlich einige ihrer fanatischen Exponenten nicht nur auf die Florentiner Gesellschaft, sondern auch auf manche Künstler ausgeübt haben. Botticelli zum Beispiel, dessen Venus in den Uffizien ein fast vollkommenes Frauenideal vorstellt, wurde durch Savonarola zum religiösen Fanatiker und gab, zutiefst von der Unsittlichkeit seines Tuns überzeugt, die Malerei zeitweise gänzlich auf. Das brachte ihn zwangsläufig in ernsthafte materielle Schwierigkeiten. Es gab eine Zeit, in welcher er Gefahr lief, buchstäblich zu verhungern. Und nur die tatkräftige Unterstützung durch einige Medici, die sein Werk außerordentlich schätzten, rettete ihn vor der völligen Verelendung.

Ein anderer hochbegabter Maler jener Zeit, der Dominikaner Fra Bartolommeo, der im Alter von zwanzig Jahren eines der bemerkenswertesten Porträts Savonarolas malte, wurde so sehr durch die rabiaten Ideen dieses Asketen beeinflußt, daß er alle seine anatomischen Studien und viele seiner Bilder, die als anstößig oder doch moralisch zweifelhaft hätten gelten können, auf jenen „Scheiterhaufen der Eitelkeit“ warf, mit welchem die Florentiner gleichsam ihre Lebensfreude verbrannten und der gleichfalls ein Werk Savonarolas war. Auch der Maler Lorenzo di Credi vernichtete auf diese Weise alle seine Aktstudien. Später, im Jahre 1513, schuf Credi ein Bild des heiligen Sebastian, das, wie Zeitgenossen schilderten, so viel an männlicher Schönheit und Kraft ausgestrahlt haben soll, daß manche Dame der besseren Gesellschaft, die bei den Dominikanern von San Marco ihre Sünden beichtete, tränenüberströmt von ihren Seitensprüngen berichtete, zu denen sie allerdings dieses Gemälde inspiriert habe.

Das waren Auswüchse. Aber sie charakterisieren eine Geisteshaltung, deren Wirksamkeit heute noch spürbar geblieben ist. Stolze politische Ideale seien von den Florentinern nie verwirklicht worden, schrieb einmal ein Chronist bekümmert. Und James Cleugh meinte, daß der unaufhörliche Kampf der Florentiner um die Befreiung von staatlicher Tyrannei und klerikaler Allmacht letztlich zu nichts geführt habe, weil „die Mentalität der Florentiner nicht kühl genug war, um unabhängig zu bleiben. Im allgemeinen zeigten sich die Bürger immer wieder genau so selbstsüchtig und egoistisch wie die anderen Italiener ihrer Zeit, die dann durch Despoten unterdrückt wurden. Rivalitäten, Fehden und Verschwörungen richteten eine Regierung nach der anderen zugrunde. Weder der Takt Cosimos (des Alten) und Lorenzos des Prächtigen noch die unerbittliche religiöse Strenge Savonarolas konnten die Florentiner zu moralischer Disziplin und wahrer staatsbürgerlicher Gesinnung erziehen."

Dieser Widerspruch zwischen einer merkwürdigen, manchmal bis zum Fanatismus eskalierenden Art der Frömmigkeit, die nicht selten auch politische Züge annimmt, und einer eher lokkeren, bei allem angestrengten Lebensernst doch sehr liberalen Lebensauffassung, dieser Widerspruch besteht nach wie vor. Man kann in diesem Zusammenhang mitunter recht interessante Beobachtungen machen. Im überdachten Vorhof zur Wallfahrtskirche Santissima Annunziata sah ich eines Tages ein Liebespaar, das mit sich und dem Austausch von Zärtlichkeiten so sehr beschäftigt war, daß es meine Anwesenheit – und die einiger anderer Kirchenbesucher – gar nicht mehr bemerkte. Später entdeckte ich die beiden in der Kirche wieder. Und da war aus den leidenschaftlich Liebenden ein frommes, versunkenes Büßerpaar geworden, das vor der Gnadenkapelle mit dem berühmten Verkündigungsbild kniete und sich – wie ich doch wohl annehmen möchte – im innigsten Zwiegespräch mit Gott befand.

Oder wahrscheinlich eher mit der Muttergottes. Denn als die Serviten um die Mitte des 13. Jahrhunderts hier eine Kapelle einrichteten, geschah ein Wunder, das den Aufstieg dieser gewiß sehr bescheidenen Kapelle zu einer der berühmtesten Wallfahrts- und Gnadenkirchen Italiens begründete. Ein Engel, so beschreibt es die Legende, habe das Porträt der Muttergottes gemalt, als die Mönche gerade damit beschäftigt gewesen wären, ihre Kapelle einzurichten. Daraufhin vermehrte sich die Zahl der Gläubigen, die vor diesem Bild beten wollten, so sehr, daß man das ursprünglich kleine Gotteshaus rasch vergrößern mußte. Santissima Annunziata wurde dann sehr bald auch zur beliebten Hochzeitskirche. Heute noch verabsäumt es kaum ein Brautpaar, selbst wenn es sich anderswo trauen ließ, hier vor der Gnadenkapelle eine Kerze diesem „Bild der Verkündigung" zu weihen.

Solche Dinge haben allerdings nur einen gewissen anekdotischen Reiz, erklären jedoch noch nicht, aus welchen historischen Voraussetzungen sich der Charakter eines Menschenschlags heranbildet. Ich erinnere mich an eine Szene in Santissima Annunziata, die ungemein berührend war und die letztlich doch nichts aussagt über die tatsächlichen Neigungen der daran beteiligten Menschen. Vorne am Hauptaltar wurde eine Messe für Jugendliche gelesen, für Schüler wahrscheinlich, denn die Betbänke waren dicht gefüllt mit Halbwüchsigen, die Schulsachen bei sich hatten. Die jungen Leute waren, soweit man das als zufälliger Beobachter erkennen konnte, von großer Ernsthaftigkeit erfüllt. Sie waren, auch wenn dieses Wort etwas abgenützt oder beiläufig klingen mag, mit innerer Anteilnahme bei der Sache. Das erscheint mir immerhin erwähnenswert in einer Stadt und in einem Land, wo eine bis zum wütendsten Anarchismus übersteigerte Rebellion gegen alles Althergebrachte für eine in manchen Phasen fast staatsgefährdende Unruhe gesorgt hat. Das hier waren brave, gehorsame, gänzlich angepaßte junge Menschen, von denen man sich nicht im mindesten vorstellen konnte, daß sie Bomben bastelten, Politiker und Industrielle entführten oder ermordeten und die Kirche als unheilvolles Relikt eines vergangenen Zeitalters attackierten.

Vor der Gnadenkapelle unmittelbar neben dem Eingang aber spielten sich andere Szenen ab. Ein alter Mann, eher nachlässig gekleidet – was in Florenz sogleich auffällt –, tat die paar

Schritte zur Kapelle, beugte sich zum schönen Bronzegitter herab, das 1447 errichtet wurde und eine mehr symbolische denn tatsächliche Abschirmung des Gnadenbildes bewirkt, warf einige Münzen in einen dort angebrachten Geldkasten – solche Opferkästen gehören schließlich nicht nur in Italien zur Standardausrüstung einer jeden Kirche –, küßte das Holz dieses Kästchens, kniete sich dann langsam nieder und begann im Widerschein der vielen flackernden Kerzen, die hier brannten, andächtig zu beten. Mehr als ein Dutzend anderer Kirchenbesucher, die um diese frühe Stunde – es war knapp nach neun Uhr vormittags – die Kapelle bereits mit einer Art selbstverständlich anmutender Hartnäckigkeit umlagerten, beobachteten den Mann mit anerkennenden Blicken. Es war ein Ritus, dem hier gehorcht wurde. Und es war etwas Altgewohntes, von dem man allerdings nicht genau sagen konnte, ob es mehr mit religiöser Gläubigkeit oder doch mit Gewöhnung zu tun hatte.

Der Widerspruch zwischen dem, was vorne am Altar und in den Betbänken geschah, wo die Halbwüchsigen mit nüchternem Ernst und dennoch mit großer innerer Anteilnahme einem Morgengottesdienst beiwohnten, und dieser etwas theatralischen Szene, die auf mich den Eindruck einer stillen Verschwörung machte, war groß. Groß genug jedenfalls, daß man auch eines anderen Widerspruchs gewahr werden mochte. Nämlich jenes zwischen dem tatsächlich oder vermeintlich nüchternen Charakter der Florentiner und dem hoffnungslos Überladenen, Byzantinischen, auf unangenehme Art Pompösen dieser Gnadenkapelle, wobei man sich vielleicht einmal daran erinnern sollte, daß vor nicht allzu langer Zeit noch die im Jahre 1669 gestiftete und reichverzierte Flachdecke über dem Kirchenschiff von zahllosen Votivbildern belastet gewesen war. Diese Dankesgaben aus Wachs oder Papiermaché hingen nämlich zu Tausenden von der Decke herab, belasteten die Querbalken und beschworen durch ihr Gewicht statische Gefahren herauf. Immerhin gab es unter diesen Votivgaben auch mehr als sechshundert lebensgroße Figuren, welche jene bedeutenden Männer darzustellen hatten – darunter sogar Fürsten und Könige –, welchen die Muttergottes von Annunziata in irgendeiner Gefahr, bei irgendeiner Intrige oder bei irgendwelchen Geschäften behilflich gewesen war.

Heute hat sich das alles wieder normalisiert. Die prachtvolle Decke leuchtet wieder in ihrer ursprünglichen barocken Schönheit. Die Zurschaustellung der Votivgaben beschränkt sich auf die Gnadenkapelle selbst oder auf deren unmittelbare Umgebung. Und was die Beweise einer höchst profanen Dankbarkeit angeht, so sind es jetzt nur noch einige Orden hinter Glas, die daran erinnern, daß man die Hilfe des Überirdischen auch bei recht weltlichen Geschäften nicht missen mag.

Was die Gläubigen angeht, die den ganzen Tag über rund um die Gnadenkapelle versammelt sind, so habe ich manchmal den Eindruck gehabt, als ob sie dieses Heiligtum auf eine besitzergreifende Weise belagern wollten; oder als ob sie das Gnadenbild als ihr persönliches Eigentum betrachteten. Etwas Geschäftsmäßiges lag in dieser Art von Gläubigkeit. Das erinnert mich an einige Bemerkungen, die Stendhal im Tagebuch seiner „Italienischen Reise 1817" notiert hat. „Nach den Physiognomien zu schließen und nach meinen Beobachtungen ist der Florentiner der höflichste und sorgsamste Mensch, der zäh an seinen kleinen Sparsamkeits- und Konvenienzberechnungen festhält. Auf der Straße sieht er aus wie ein Schreiber mit entsprechendem Gehalt, der sich seinen Rock abgebürstet und sich selbst die Stiefel geputzt hat und nun nach seinem Büro strebt, um pünktlich zur Stelle zu sein. Er hat seinen Regenschirm nicht vergessen, denn das Wetter ist unsicher. Es fällt einem die Nüchternheit und Beschränktheit in diesen Köpfen auf."

Kann es sein, daß den Florentinern der Aberglaube so etwas wie ein Regenschirm ist? Immerhin haben sie, über deren Geschick im Umgang mit Geld, über deren notorische Tüchtigkeit und Geschicklichkeit auch in der Bewältigung ihrer politischen Schwierigkeiten ganze Bibliotheken geschrieben wurden, eine für ein so nüchternes Volk erstaunlich innige Beziehung zu Wundern und auch zu Gnadenbildern.

Am geschicktesten und originellsten haben sie sich diesen Regenschirm in Or San Michele in der Via Calzaioli aufgespannt. Denn ursprünglich, nämlich seit dem Jahre 1285, stand hier eine von Arnolfo di Cambio erbaute Verkaufshalle für Getreide. Dann brannte diese Markthalle ab, und zwar während einer der vielen Auseinandersetzungen, die im späten Mittelalter das Leben in der Stadt geprägt haben. Das war 1304. Drei Jahre später begann man mit der Wiedererrichtung dieser nützlichen Institution, die jetzt größer, auch luxuriöser geplant wurde. Der Entwurf zu diesem neuen Gebäude hatte übrigens mehrere Väter, darunter Francesco Talenti und Taddeo Gaddi. 1357 begann hier jedenfalls wieder der Handel mit Getreide. Or San Michele war damals eines der wirtschaftlichen und gesellschaftlichen Zentren der mittelalterlichen Stadt. Aber zu dieser Zeit existierte hier längst schon auch ein Gnadenbild der Madonna, was sowohl die geschäftstüchtigen Kaufleute als auch das Volk von Florenz in einige Verwirrung brachte. Denn seit dem ausgehenden 13. Jahrhundert bewirkte dieses Bild, das einen der mächtigen Stützpfeiler schmückte, immer wieder aufsehenerregende Wunder. Und so begann man in den Jahren zwischen 1367 und 1380 damit, die offene Verkaufshalle mit Füllmauern und feinem Maßwerk zu schließen, was insofern bemerkenswert ist, als hier Religion und Aberglaube in schöner Übereinstimmung einen Sieg über die sprichwörtliche Geschäftstüchtigkeit der Florentiner davontrugen. Andererseits mochten sich die Getreidehändler mit dem alsbald selbstverständlichen Zustand nicht mehr abfinden, daß mitten zwischen ihren Verkaufsständen die Masse der andachtsvollen Gläubigen ein Gnadenbild anbetete. Derlei störte das Geschäft. Außerdem konnte es nicht schaden, auch über eine Getreidebörse eine Art Regenschirm aufzuspannen.

Zu Beginn des 15. Jahrhunderts war aus dieser erstaunlichen Kombination von Sakralraum und Verkaufsmagazin dann endgültig eine Kirche geworden. Werke von Donatello, Ghiberti, Verrocchio, Giovanni da Bologna und anderen bedeutenden Künstlern schmücken seit damals die Kirche, deren kostbarster Besitz jener um die Mitte des 14. Jahrhunderts von Orcagna geschaffene Marienschrein ist, welcher das alte Gnadenbild als feierliche Dekoration umschließt. Eine interessante historische Erinnerung erlaubt der sogenannte Annenaltar im nördlichen Kirchenschiff, der an die gewaltsame Vertreibung aus der Stadt des unseligen Tyrannen Walter von Brienne gemahnt, des sogenannten Herzogs von Athen. Vielleicht büßte auch der eine oder andere Florentiner Bürger damals mit einer kleinen Geldspende dafür, daß er sich bei dieser Vertreibung, die manches Opfer gekostet hatte, wie ein blutrünstiges Tier und nicht wie ein Christenmensch aufgeführt hatte.

Or San Michele wirkt zu jeder beliebigen Stunde düster und streng. Aber unversehens, wenn erst einmal die elektrische Beleuchtung des Marienschreins einsetzt, erstrahlt alles in einem freundlichen Licht, tritt dieses beeindruckende Kunstwerk mit seiner unglaublichen Fülle sorgfältig herausgearbeiteter Details plastisch aus der kalten Dämmerung hervor, während von den Pfeilern und Wänden strengblickende Heilige aus den Fresken sich fortzubewegen scheinen. Alles gerät in diesen Augenblikken in eine ebenso feierliche wie aufgeregte Bewegung. Und Bilder aus jener Zeit, als hier noch die Anbetung eines Gnadenbildes und regsame geschäftliche Tätigkeit nebeneinander stattfanden, kann man sich in diesen paar Sekunden, in denen das elektrische Licht brennt, mühelos vorstellen. Übrigens kann man heute noch einige der Kanäle gut erkennen, durch die einst das Getreide vom oberen Stockwerk zu den Verkaufsläden gefördert wurde. Und es ist recht amüsant, den Lehrerinnen zu lauschen, wenn sie ihren Schülern anläßlich eines der Kirchenbesuche, die dem Kunst- und Geschichtsunterricht dienen, in schwärmerischem Tonfall von der Nützlichkeit dieser ehemaligen Getreidebörse und von der Bedeutung des Gnadenbildes erzählen. Man findet es in Florenz auch heute noch für ganz selbstverständlich, Glaube und Geschäft miteinander in Verbindung zu bringen.

IT AN SAL MCCCCLXXVII ET HVIVS

Geschichte und Geschichten

Im „Giubbe Rosse“ an der Piazza della Repubblica, wo ich immer wieder einmal eine kurze Rast auf meinen ruhelosen Wanderungen durch die Stadt einlegte, werden aufmerksame und vielleicht sogar kritische Besucher durch die hoffnungslos zerschlissenen Servietten irritiert, die man ihnen auf den Tisch legt. Gegenüber im „Gilli“, das zu gewissen Stunden völlig überfüllt ist, verwirren die manchmal fast schamlosen Preise, die gefordert werden. Dafür bemühen sich hier die Kellner mehrsprachig um ihre internationale Kundschaft, während im „Giubbe Rosse“ es schon vorkommen kann, daß ein hübscher blondgelockter Kellner ohne weiteres einer verliebten Engländerin auf recht rüde Weise und im unverfälschten toskanischen Dialekt den Laufpaß gibt. Und im „Paszkowski“, dem dritten alteingesessenen Lokal an der Piazza della Repubblica, wo man immer noch hartnäckig den Fünf-Uhr-Tee mit Musik propagiert, verstaubt zumindest den Winter über an manchen Tagen das Klavier. In den Antiquitätengeschäften, Buchantiquariaten, Kunstläden und Tischlereiwerkstätten, in denen Renaissance- und Barockmöbel nach Belieben angefertigt werden können, schlummert in diesen Monaten, in denen die Kälte die Florentiner zu den abenteuerlichsten Vermummungen zwingt und anstelle der Touristen die Tauben alle markanten Plätze der Stadt besetzen, die übliche hektische Betriebsamkeit. Jetzt kommen die winzigen Läden wieder besser zur Geltung, in denen Schuhe repariert oder Fahrradschläuche geflickt werden, Schmuck für die halbwüchsigen Mädchen verkauft und Wein in kleinen Tonkrügen oder auch nur in fleckigen, leicht angeschlagenen Gläsern ausgeschenkt wird. Die Stadt, erstarrt unter der winterlichen Kälte, atmet dennoch etwas freier, gibt sich ungezwungener. In einer Kaffeebar gegenüber von San Marco, wo man zwischen Mai und Oktober kaum noch Italiener antrifft, kann man im Winter nur noch zwei prachtvolle Walküren aus Deutschland beim Frühstück bewundern, Mutter und Tochter, beide über einsneunzig groß, woran sich die Stammgäste längst schon gewöhnt haben.

Florenz holt Atem. In den Uffizien wird wieder italienisch gesprochen. Der prachtvolle Eber auf dem „Mercato Nuovo" gleich hinter Or San Michele, der in der sogenannten Saison täglich an die hundertmal und öfter abfotografiert wird, kann sich jetzt gänzlich auf seine dekorative Pose besinnen, die noch von Bedeutung gewesen sein mag, als diese Loggia del Mercato Nuovo, die ursprünglich ein Handelsplatz für Seidenwaren und Gold gewesen war, dann im 17. Jahrhundert immer um die Mittagsstunden zum beliebten Treffpunkt der vornehmen Florentiner Gesellschaft wurde, während über den Verkaufsläden lange Zeit das Florentiner Notariatsarchiv untergebracht war. Der Eber aber, die Bronzekopie eines antiken Originals aus Marmor, das sich in den Uffizien befindet, von den Florentinern eher liebevoll als spöttisch „Il Porcellino" genannt, muß früher einmal allen Bankrotteuren in unangenehmer Erinnerung gewesen sein, als sie sich noch auf den Rücken der Skulptur setzen und so die Demütigung durch die spottlüsterne Öffentlichkeit hinnehmen mußten. Das erinnert auch an die Löwen vor dem Palazzo Vecchio, die, sofern sie nicht gerade wieder einmal restauriert werden, die Blicke der Touristen magisch auf sich ziehen. Deren marmornes Hinterteil mußte nämlich von allen besiegten Feinden der Republik geküßt werden, eine Zeremonie, die bei den Florentinern stets großen Anklang fand und die regelmäßig zu einem echten Volksfest ausartete, bis die politische Situation sich schließlich derart veränderte, daß man in Florenz keinen Anlaß für solche Siegesfeiern mehr hatte.

Florenz holt Atem im Winter. Die Piazza della SS. Annunziata zum Beispiel ist nun für ein paar Monate wieder dieses geräumige, lichterfüllte Zimmer, von dem aus man einen prachtvollen Ausblick auf die rostfarbene Domkuppel hat. Ein Hotel und das weltberühmte Findelhaus, dessen Gesamtkomplex von Brunelleschi entworfen und dann von Francesco della Luna fertiggestellt wurde und wo genau am 5. Februar 1445 das erste Findelkind aufgenommen wurde, dann das Archäologische

Museum, das seit der verheerenden Überschwemmung vom November 1966 außer Betrieb gesetzt ist, und schließlich auch der eindrucksvolle, unter der Sonne rötlich schimmernde Palazzo Grifoni, dessen Vorläuferbau einst das Geburtshaus einer Heiligen (sie hieß Caterina) war, während der jetzige Palast an die materielle Geschicklichkeit eines vermögenden Verwaltungsbeamten des Großherzogs Cosimo I. erinnert: Das alles schenkt diesem Platz eine unvergleichliche Dekoration und überschüttet ihn mit Farben, die diesem altehrwürdigen Schauplatz eine lebendige Wirkung vermitteln. Ein verstaubtes, verblaßtes Ziegelrot, ein gedämpftes Weinrot, viel schmutziges Elfenbein und staubiges Grau, dazwischen der Grünspan der Denkmäler – zwei Brunnen, die man im Winter sorgfältig überdacht, und des Großherzogs Ferdinand I. Reiterstandbild – und an der Außenfassade der Santissima Annunziata hoffnungslos verwischte Freskenreste . . . Manchmal, wenn die Sonne schon wärmend auf den Platz fiel und der eisige Tramontana für ein paar Stunden, für ein paar Tage eingeschlafen war, setzte ich mich für eine Zigarettenlänge auf die Stufen vor dem Pilgerheim der Serviten, im Blick das Ospedale degli Innocenti, das, soviel ich weiß, das älteste Findelhaus Europas ist, und das Denkmal dieses Großherzogs, der wie sein Vater Cosimo von allen unterschätzt worden war. Ferdinand war Kardinal, aber er war gerissen genug, sich nie die Weihen geben zu lassen, was es ihm dann ermöglichte, in einem Augenblick, da die Nachfolgefrage gefährdet schien, sich selbst in den Besitz der Macht zu bringen. Ferdinand ist übrigens der Erbauer der Villa Medici in Rom, war ein großer Liebhaber der schönen Künste und sorgte regelmäßig für die Auffüllung der Bestände in den Uffizien.

Was das mächtige Bronzepferd angeht, auf dem er nun sitzt, den Blick auf Brunelleschis Domkuppel gerichtet, dieses Pferd, das einst Giovanni da Bologna, der geniale Flame, entworfen und dann Tacca vollendet hatte, so gibt es in Verbindung damit eine hübsche Geschichte. Maria de'Medici, Nichte des Großherzogs Ferdinand und gerade erst Witwe des Franzosenkönigs Heinrich IV. geworden, war von diesem Pferd – das noch zu

Lebzeiten Ferdinands entstanden war – so begeistert, daß sie es unbedingt in Frankreich aufstellen wollte. Ihr Onkel ließ ein zweites Pferd in Bronze gießen und nach Frankreich bringen. Aber die Skulptur stürzte unweit von Le Havre ins Meer, wurde dann unter großen Schwierigkeiten geborgen und mit Heinrich IV. im Sattel auf dem Pont Neuf in Paris aufgestellt. Während der französischen Revolution wurde das Standbild allerdings abgebrochen und kehrte, jetzt des Königs beraubt, nach Florenz zurück. Und hier war man nüchtern oder auch pietätlos genug, um es kurzerhand für Kanonen einzuschmelzen.

Geschichte und Geschichten . . . in dieser Stadt mag man gelegentlich das Gefühl haben, darin zu ertrinken. Dazu immer wieder die alten Paläste, aus ungeheuren Blöcken erbaut, mit ihren sorgfältig vergitterten Fenstern und geheimnisvollen dunklen Winkeln, in denen noch eine Ahnung davon nistet, wie gefährlich das Leben in Florenz einst gewesen ist.

Oder nicht eigentlich gefährlich, sondern zwangsläufig, unbarmherzig, folgerichtig. Woraus sich dann alles andere ableitet; auch das Mißverständnis von der begeisternden Kunststadt, obgleich allein schon das dumpfe Echo der Schritte, das zwischen den alten Palästen aufsteht wie eine Mahnung, eine ganz andere Sprache spricht.

Erinnern sollte man sich gelegentlich, wie das alles angefangen hat, was heute so großartig und beeindruckend wirkt. Zuerst die Mythen. Wurzeln, die angeblich bis nach Troja reichen. Anfänge, die von den Göttern begleitet waren. Tatsächlich aber war der Beginn eher dürftig. Damals, als der Arno noch vielgliedrig durch den Talkessel floß, sich verästelnd wie eine gewaltige Baumkrone, scheint hier ein Dorf existiert zu haben, von dem sich zumindest die Grabstellen über die Jahrtausendwende hinweg behaupteten. Unweit der Piazza della Repubblica hat man einige davon entdeckt, die bis ins 10. vorchristliche Jahrhundert zurückreichen. Später dann die Etrusker, verheerende Einbrüche gallischer Stämme, zögernder Wiederaufbau der verstreut in der Ebene liegenden Hütten und winzigen Höfe, während oben auf den Hügeln Fiesole – das alte

Faesule – längst schon seine dominierende Stellung behauptete. Und dann, wohl im Jahre 59 vor Christus, Caesars folgenschweres Diktat an die Veteranen seiner Legionen, sich hier am Zusammenfluß des Arno mit dem Mugnone – der einst an jener Stelle in den größeren Arno mündete, wo heute die Brücke Santa Trinità den Fluß überquert – endgültig niederzulassen. Der dabei gewählte Name Florentia mag etwas mit diesem Zusammenfluß der beiden Gewässer oder aber auch mit dem blühenden Ackerbau im fruchtbaren Talkessel zu tun gehabt haben. Eine Klärung dieser Frage ist heute nicht mehr möglich. Legenden sind längst an die Stelle historischer Wahrhaftigkeit getreten. Und vielleicht waren die Böden hier einst wirklich so sehr von duftenden Blumen überschwemmt, daß daraus der Name der Stadt sich entwickeln mochte.

Der Ort wurde übrigens nach dem üblichen Schema römischer Feldlager angelegt. Ein Rechteck aus Backsteinmauern, dazu in regelmäßigen Abständen die leicht zu verteidigenden Rundtürme. Es war das heutige Stadtzentrum, das auf diese Weise schon in seinen Anfängen zur Festung ausgebaut wurde. Über den Domplatz zog sich die römische Nordmauer. Die beiden Hauptstraßen der Veteranensiedlung darf man sich in der Via Roma und in der Via Strozzi vorstellen. Über das Gelände des ehemaligen Forums erstreckt sich heute die Piazza della Repubblica. Das bis zur Auffälligkeit regelmäßige Straßennetz der Innenstadt geht also direkt auf den Verlauf der antiken römischen Straßen zurück.

Spät erst dehnte sich die Ansiedlung bis zum Arno aus. Das war im 2. Jahrhundert unter Kaiser Hadrian. Ein Theater entstand, und zwar ungefähr dort, wo jetzt die Piazza della Signoria liegt. Auf der Piazza San Firenze mag man sich an den schönen Isistempel erinnern, der hier einst stand. Und das überdurchschnittlich große Amphitheater ist teilweise noch an den gekrümmten Straßenzügen der Via Torta zu erkennen. Der Arno wurde schiffbar gemacht. Eine erste Holzbrücke, die älteste Vorläuferin des Ponte Vecchio, und eine Reihe von wichtigen Heer- und Handelsstraßen machten Florenz auch zum wichtigen Verkehrsknotenpunkt.

Das waren die ersten Anfänge, die das Bild der Stadt geprägt haben; aber nicht den Charakter, den Geist, den geschärften Sinn ihrer Bewohner für das unheimliche Wechselspiel von Macht und Kultur. Das hängt mit dem ungestümen Wachstum der Stadt nach dem Jahre 1000 zusammen, mit der erbitterten Rivalität zwischen Guelfen und Ghibellinen, mit dem nie erlahmenden Eifer kluger oder auch fanatischer Mönche, gerade hier das Reich Gottes wiederherzustellen, mit Familienfehden, blutigen Intrigen und vor allem auch mit dem fast an Besessenheit grenzenden Eifer der Menschen, Erfolg zu haben und diesen Erfolg sichtbar zu dokumentieren. Jenem Bischof Hildebrand, der für den Bau von San Miniato verantwortlich war, sagte man offen eine gewisse Neigung zur Korruption nach. Einmal mußte ein Gottesgericht über die Vergabe des Bischofsamtes entscheiden; barfuß schritten ernste Würdenträger über ein glühendes Kohlenbeet. Heiliggesprochen wurde jener, der diese Tortur nahezu unbeschadet überstand. Savonarola, Jahrhunderte später wirkend, hat manchen fast vergessenen Vorgänger gehabt.

In einigen Kirchen spürt man noch etwas von dieser Unerbittlichkeit, mit der sich die Kirche in Florenz über die Jahrhunderte hinweg stets durchzusetzen wußte gegen Familienfehden und kapitalistisches Machtdenken.

Allerdings nicht so sehr im Dom. Auch nicht in Santa Croce oder Santa Maria Novella. Gewiß auch nicht in Santissima Annunziata oder in Santa Trinità. In diesen Gotteshäusern dominiert das Künstlerische, verstellt der schöpferische Akt den Blick auf die unbarmherzige Realität einer Geschichte, die düster und voll von Widersprüchen ist. Daran ändert auch nichts der großartige Realismus eines Masaccio, Donatello oder Ghirlandaio. Sie porträtierten die Menschen, welche dieser Geschichte ihren Stempel aufgedrückt haben. Die Geschichte selbst bleibt unsichtbar.

Es sind kleine, gelegentlich unscheinbare Kirchen, in denen

man noch etwas vom ungestümen Wehen der Vergangenheit spüren mag. Kirchen wie Nachrichten aus einem vergangenen Zeitalter. Zum Beispiel San Jacopo tra'Fossi, eine der ältesten Kirchen von Florenz, die ihren eigentümlichen Namen von den alten Abwässerkanälen hat, die hier einst in den Arno mündeten. Heute ist San Jacopo tra'Fossi – das ursprünglich eine romanische Anlage war, in die hinein man später eine gotische Kirche baute, bis schließlich die dritte, heutige, Barockkirche entstand – längst uninteressant geworden. Sie ist sogar zu einer evangelischen Kirche umgewandelt. Ihre Nüchternheit wirkt kahl und befremdend. Das hängt wohl damit zusammen, daß sie 1849 von den österreichischen Truppen, die in Florenz zur Niederwerfung irredentistischer Unruhen einmarschiert waren, in eine Kaserne umgestaltet wurde. Auch an solche Anekdoten muß man sich erinnern, um die ganze Biografie dieser Stadt zu begreifen.

Ein anderes Beispiel für das instinktive Gewahrwerden von Geschichte ist Santa Felicita nahe dem Ponte Vecchio, heute eine eher unansehnliche Kirche vor einem kleinen, gleichnamigen Platz, den eine 1381 errichtete Granitsäule schmückt, die angeblich anstelle einer antiken Grabpyramide aufgestellt wurde. Von dieser Säule aus kann man vortrefflich den mediceischen, von Vasari erbauten Laufgang zwischen den Uffizien und dem Palazzo Pitti erkennen, während man der Kirche selbst vorerst noch kaum eine besondere Aufmerksamkeit zuwenden wird. Und doch ist hier ältester florentinischer Kulturboden. Hier befand sich einst ein frühchristlicher Friedhof, wo auch zahlreiche levantinische Christen begraben wurden, jene Sendboten des neuen Glaubens also, die aus dem antiken heidnischen Florentia eine christliche Kapitale zu gestalten versuchten. In der ersten Hälfte des 9. Jahrhunderts soll sich hier dann eine Benediktinerinnenkongregation niedergelassen haben, die schließlich durch Weltpriester verdrängt wurde. Im 11. Jahrhundert wurde ein neuer Kirchenbau errichtet, der im 18. Jahrhundert aus heute nicht mehr ersichtlichen Gründen abgerissen und durch einen nicht sonderlich aufregenden Neubau ersetzt wurde.

Es gab also auch hier – wie bei San Jacopo tra'Fossi – verschiedene Kirchenbauten. Zuerst eine kleine spätantike Säulenbasilika, dann eine frühromanische Kirche und schließlich das heutige, dem Kirchenbau aus dem Trecento nachfolgende Gotteshaus, an dem lediglich die von Vasari erbaute Vorhalle mit einem sehenswerten Marmorgrabmal des Kardinals Luigi de'Rossi – den einst Raffael neben einem Papst in den Uffizien malte – sowie das von Ruggieri architektonisch gestaltete Kirchenschiff von einiger kulturhistorischer Bedeutung sind. Wesentlicher scheint mir bei San Felicità die Möglichkeit der Erinnerung an die christliche Frühgeschichte der Stadt zu sein. Und wenn man die Kirche und den kleinen Vorplatz mit der grauen Granitsäule verläßt und die wenigen Schritte hinüber zum Ponte Vecchio geht, unter dem nach schweren nächtlichen Regenfällen lehmgelbes Wasser gurgelt und schmatzt, während am anderen Ufer einige Fischer unverdrossen ihre magere Beute in der Tiefe des Flusses suchen, wo noch die Überreste der antiken römischen Hafenanlagen ruhen, dann hat man innerhalb weniger Augenblicke mehr als ein Jahrtausend florentinischer Vergangenheit durchmessen und zugleich eine ziemlich genaue Vorstellung von den Wurzeln dieser Stadt, von den Voraussetzungen für ihre widerspruchsvolle Situation. Immer das Wirken der Priester. Immer der unheimliche und in der Regel höchst unfromme Ehrgeiz der Menschen. Und in der Tiefe das lautlose Rumoren der Antike.

Florenz ist keine liebliche Stadt. Die schöne Sentimentalität, das edle Pathos und die süße Romantik anderer italienischer Städte fehlen hier fast gänzlich. Etwas düster Leidenschaftliches, eine durch kühles Kalkulieren beherrschte Hitzigkeit und die durch höflichen Charme gemilderte Rücksichtslosigkeit nüchterner Kaufleute, die sich weniger ihrem Gemüt als ihrem ausgeprägten Repräsentationsbedürfnis zuliebe Schöngeistiges und Erhabenes leisten, sind die grundlegenden und bestimmenden Verhaltensweisen rund um Domplatz, San Marco, Santa Croce, Santa Maria Novella, Piazza della Repubblica und Piazza della Signoria. Gelegentlich fällt ein winziges, beinahe schüch-

Reiterstandbild des Großherzogs Ferdinand I. auf der Piazza della SS. Annunziata gegen die Domkuppel

ternes Schlaglicht auf die gleichsam ständig parate Heftigkeit der Florentiner, die sie einerseits durch rationales Denken zu disziplinieren versuchen und der sie andererseits doch niemals ernsthaft widerstehen können. Die Badia, das älteste und bedeutendste Kloster innerhalb der Stadt in der uralten Via del Proconsolo gegenüber dem geschichtsträchtigen Bargello, eine Benediktinerabtei, welche im Jahre 978 von Willa von Toskana begründet, im ausgehenden 13. Jahrhundert von Arnolfo di Cambio erweitert wurde und der Cosimo der Alte durch Brunelleschi ein völlig neues und prachtvolles Aussehen schenken wollte, was die starrköpfigen Mönche aber verhinderten . . . diese Badia – das Kloster selbst wurde 1810 aufgehoben –, die den Florentinern stets ein bevorzugtes Wahrzeichen ihres Stolzes und ihrer Größe bedeutete, ist dennoch einmal fast dem Jähzorn der Florentiner zum Opfer gefallen. Denn 1307, als es zu schweren Auseinandersetzungen zwischen den Benediktinern und den Bürgern kam und die Mönche sich hartnäckig gesetzlichen Verordnungen verschlossen, deren Sinn sie nicht einzusehen vermochten, da demolierten die aufgebrachten Florentiner den uralten Campanile der Klosterkirche. Er wurde ganz einfach halb abgerissen. Und die Mönche hatten keine andere Wahl, als dem wüsten Treiben voll ohnmächtiger Wut beizuwohnen und sich im übrigen den politischen Forderungen der Florentiner zu beugen.

Das verhindert freilich nicht, daß man in einer Seitenkapelle von Sant'Ambrogio, und zwar in jener, die den Beinamen „del miracolo" trägt, auch heute noch einen Meßkelch aus dem frühen 14. Jahrhundert verehrt, darin sich einst etwas zurückgebliebener Meßwein in Blut verwandelt haben soll. Die Florentiner glauben heute noch an dieses Wunder. In Sant'Ambrogio befinden sich auch die Grabmäler einiger berühmter Künstler der Renaissance, darunter jene von Cronaca, Granacci, Leonardo del Tasso und Verrocchio, was aber den Bürgern weniger bemerkenswert erscheint als der Umstand, daß man in dieser Kirche auch auf ein sogenanntes Blutwunder verweisen kann. Und wer die seit dem frühen Mittelalter nahezu unveränderte

Kirche Santissima Apostoli an der Piazza del Limbo aufsucht, wird sich zuerst vielleicht des Umstandes entsinnen, daß hier einst ein Friedhof für ungetaufte Kinder lag, dem man liebevolle Aufmerksamkeit widmete, um sich dann mit jenen Steinbrocken vom Heiligen Grab in Jerusalem zu beschäftigen, an denen man alljährlich am Ostersamstag ein Feuer entzündet, das dann zum Baptisterium gebracht wird. Nach Florenz gekommen sind diese kostbaren Reliquien durch ein Mitglied jener Familie Pazzi, die in der berüchtigten Verschwörung gegen die Medici eine so große und letztlich tragische Rolle gespielt hat.

Manchmal, wenn die Sonne schon tief im Westen steht und die Schatten schwer über die Piazza della Signoria fallen, mag man sich plötzlich einbilden, immer noch die verstümmelten Leichen der Pazzi-Verschwörer an der Außenwand des Palazzo Vecchio baumeln zu sehen. Und die Sterbegebete der Mönche, die wie Flüche klangen, zu hören. Und im Hintergrund dieser schaurigen Szene mag man sich Botticelli vorstellen, der den Auftrag erhalten hatte, die im Wind schaukelnden Leichname der Verschwörer zu malen.

Florenz ist keine liebliche Stadt. Aber vielleicht sind es gerade die Widersprüche, die uns anziehen . . .

Rund um San Lorenzo

Neuerdings haben sich Neger aus Schwarzafrika des schmalen und kurzen Borgo San Lorenzo bemächtigt, der vom Baptisterium hinauf zur Piazza San Lorenzo führt. Es sind ambulante Händler, die hier fernab ihrer Heimat ihr Glück versuchen, umgeben von den Zeugnissen einer Geschichte und einer Zivilisation, die sie nicht verstehen, und abhängig von den Zufälligkeiten eines Gewerbes, für das sie – sehr zum Verdruß ihrer italienischen Konkurrenten – allerdings die notwendige Begabung und die unerläßliche Beharrlichkeit mitbringen. Ein Stück Karton oder auch nur ein Blatt Papier wird auf dem Boden ausgebreitet. Darauf kommt die Ware. Gürtel mit abenteuerlich verzierten Schnallen, billiger Schmuck, Brillen und anderes Kramzeug, das aber von den Touristen gern als Anlaß genommen wird, sich ein paar Minuten lang im Feilschen zu üben. Die Neger mit ihren pechschwarzen Gesichtern, in denen, wenn sie lächeln, die weißesten Zähne der Welt aufblitzen, sind unendlich geduldige Händler. Sie haben viel Zeit. Und nichts zu verlieren. Manchmal, wenn es regnet, raffen sie ihre Habseligkeiten mit einem einzigen geübten Griff zusammen und stellen sich in einem Haustor unter. Bei Regen kann es vorkommen, daß man durch den Borgo San Lorenzo mit gleichsam eingezogenen Schultern geht, beobachtet und verfolgt von dunklen Gesichtern und aufmerksamen Augen, denen nichts zu entgehen scheint, was mit Geld und jeder Möglichkeit des Überlebens zusammenhängt.

Rund um San Lorenzo dann die Marktbuden. Sie beginnen auf der Piazza San Lorenzo, drängen sich dicht an das eher merkwürdige Denkmal des Giovanni delle Bande Nere heran, füllen die Via del Canto de'Nelli, die in einer leichten Krümmung die Nordseite der Kirche umfaßt, und ziehen sich dann weiter über die ganze Via dell'Ariento bis hin zur Via Nazionale. Es ist eine Art Fetzen- und Trödelmarkt, und wenn der Wind bläst, was in Florenz häufig der Fall ist, entsteht ein merkwürdig scharrendes und klatschendes Geräusch. Der Wind schlägt dann gegen die Zeltplanen der Marktbuden, die schwerfällig über den ausgestellten und gestapelten Waren zu schwingen beginnen.

Und vor der Kirche San Lorenzo, auf diesem kleinen Platz, den mehr als zur Hälfte die Verkaufsstände der Marktfahrer besetzen, spielen Halbwüchsige manchmal Fußball. Immer wieder donnern sie den Ball gegen Michelangelos berühmte unvollendete Fassade, die wie eine riesige Narbe wirkt oder wie ein bräunlich verfärbtes Stück Haut, in das sich zahllose Risse und Runzeln eingenistet haben. Höher oben kann man noch rötliche Ziegelspuren erkennen; aber so weit und so hoch fliegt der Ball natürlich nicht. Dafür schlägt er gelegentlich einmal gegen die eine, linksseitige Kirchentür, von wo er, als ob ihm dieser eine Schlag alle Kraft gekostet hätte, wie ein welkes Blatt auf die Kirchenstufen herabfällt. Ein Mann mittleren Alters, blaßhäutig und ausgerechnet mit einer fahlfarbenen Perücke auf dem Kopf, was diesem Mann das Aussehen einer Figur aus der Commedia dell'Arte verleiht, geht zweimal langsam vor der Kirche hin und her. Jedesmal bekreuzigt er sich von neuem. Den Ball, der scharf an ihm vorbeifliegt, und die Halbwüchsigen, die lärmend umherspringen, beachtet er nicht. Nur die Touristen werfen zornige Blicke auf diese kleine Szene.

Die ersten Zigeunerinnen tauchen auf. Das ist ein untrügliches Zeichen dafür, daß die sogenannte Saison wieder begonnen hat. Einer Alten, deren scheinbare Hinfälligkeit mich unwillkürlich rührte, bin ich einmal eine Weile nachgegangen. Sie war eine großartige Komödiantin. Unweit des Palazzo Riccardi-Medici, nur wenige Schritte hinter der Kirche und der Piazza San Lorenzo, gönnte sie sich eine kleine Pause. Der zerbrechliche, schmerzlich gekrümmte Leib richtete sich auf. Das buntfarbige Kopftuch, das nicht nur das Haar – von dem ich überzeugt war, das es schneeweiß sein müßte –, sondern auch den Großteil des Gesichtes bedeckt hatte, rutschte auf die Schultern herab. Und eine junge Frau, vielleicht dreißig, ging jetzt leichtfüßig an der gelbbraunen Fassade des Palastes entlang und verschwand in einer Kaffeebar.

Manche angenehme halbe Stunde verbrachte ich damit, auf den Stufen vor der Kirche zu sitzen, die unvermeidlichen Tauben zu beobachten, die Touristen zu bewundern, wie sie in ihren winzigen Reisehandbüchern blätterten und dem Geheimnis der Medici auf der Spur waren, deren berühmte Kirche sie nun betreten, vor deren Gräbern sie nun stehen würden. Am nachhaltigsten aber beschäftigte mich immer dieses kuriose Denkmal des Giovanni delle Bande Nere, des Vaters des Großherzogs Cosimo I. und Begründers der mediceischen Herzogsdynastie. Auf dem viel zu großen Sockel, den 1543 Bandinelli als Unterbau für den damaligen Marktbrunnen geschaffen hatte, kauert die Bildnisstatue – übrigens gleichfalls von Bandinelli –, als ob sie nicht dazugehörte. Und in einem gewissen Sinne trifft das auch zu. Denn die Statue Giovannis wurde erst 1851 aus dem Palazzo Vecchio hierhergebracht, nachdem man die Anlage ein Jahr zuvor gründlich renoviert hatte. Vielleicht wirkt Giovanni, dessen hohe Stirn nicht zu übersehen ist, deshalb so unglücklich. Die Pose, zu der er gezwungen wird, ist jedenfalls alles andere als eindrucksvoll.

Er hieß eigentlich Giovanni di Giovanni de'Medici, war der Sohn Katharina Sforzas, der wohl ungewöhnlichsten Frau ihres Zeitalters, die einen Machiavelli die schwierige Kunst der Diplomatie lehrte und Italiens Fürsten Respekt abnötigte, und ihres dritten Ehemannes, der dem jüngeren Zweig der Familie Medici angehörte und ein eher bedeutungsloser Charakter war. Giovanni di Giovanni war schon als Kind und Jüngling außergewöhnlich in jedem Sinne. Bereits im Alter von elf Jahren bewies er seine Begabung für das Kriegshandwerk, sofern man zeitgenössischen Berichten trauen darf. „Er lebt fast nur im Sattel und reitet fast immer im gestreckten Galopp", schreibt ein anonymer Chronist über den Knaben. Wahrscheinlich hatte er das ungestüme Temperament seiner Mutter geerbt. Verbürgt ist, daß er schon als Zwölfjähriger ein Bordell besuchte und mit Gleichaltrigen nicht nur auf die Jagd ging, sondern auch abseitig gelegene Dörfer überfiel und Reisende ausplünderte. Seinen ersten Mord beging er gleichfalls in diesem Alter, und als er mit sechzehn erstmals bei einem Turnier in Florenz antreten durfte, „stieß er acht Gegner vom Pferd“, wie ein Augenzeuge respektvoll bemerkte.

Giovanni di Giovanni de’Medici, für den eine andere Laufbahn als die eines Condottiere wohl kaum vorstellbar gewesen wäre und der im übrigen mit einer gewissen Maria aus dem angesehenen und einflußreichen Geschlecht der Salviati verheiratet wurde, war Kriegshauptmann, Pirat in der Adria, Wegelagerer, Kommandant einer päpstlichen Garde und zweifellos der einzige fähige Condottiere, über den Florenz in jenen unruhigen Jahren in den ersten beiden Jahrzehnten des 16. Jahrhunderts verfügte. Aber man fürchtete ihn, der als „Großer Hauptmann“ und auch als „Großer Teufel“ bezeichnet wurde und der sich rasch den fragwürdigen Ehrentitel Giovanni delle Bande Nere erworben hatte, wesentlich mehr, als man ihn nach seinen Fähigkeiten einzusetzen wußte. In der großen Auseinandersetzung zwischen den Päpstlichen und den Kaiserlichen, die mit dem schrecklichen Sacco di Roma enden sollte, kämpfte er im Sold des Papstes, was ihn nicht daran hinderte, auch von den Franzosen Geld zu nehmen. Er starb im Spätwinter des Jahres 1527 in der Nähe von Mantua. Bei einem Gefecht mit den Kaiserlichen war er schwer verwundet worden. Ein Bein mußte amputiert werden. Diese Operation überlebte er nur für ein paar Tage. Lachend und fluchend zugleich soll er gestorben sein. Und Pietro Aretino, einer seiner Freunde, ein genialer Poet und Pamphletist, der auf seine Weise ein ebenso unruhiges, abenteuerliches Leben führte wie Giovanni delle Bande Nere, schrieb ihm eine Art Grabrede, darin es unter anderem heißt: „Ich wünschte, es wäre eine Lüge, wenn ich erkläre, daß Florenz und Rom noch erfahren werden, was es heißt, daß dieser Mann nicht mehr unter den Lebenden weilt.“

Und dieser Haudegen, der in seinem kurzen Leben eine Unzahl von Verbrechen begangen und dennoch auf seine Art dem sonderbaren Ehrenkodex seines Standes gehorcht hatte, wurde zum Begründer der mediceischen Herzogsdynastie. Bereits sein Sohn Cosimo I. verankerte diese Dynastie für die nachfolgenden Generationen in Florenz und schlug so eine Brücke zurück zu jenem anderen Cosimo, den man den „Alten“ und nach seinem Tod auch „Vater des Vaterlandes“ genannt hatte. Das Denkmal des Giovanni delle Bande Nere auf der Piazza San Lorenzo entspricht jedenfalls in keiner Weise dem düsteren Ruhm und der Bedeutung dieses Mannes, der ein ebenso eigenwilliger wie unglücklicher und freilich auch hochbegabter Mensch gewesen ist, dessen dauerhafteste Leistung aber die Zeugung jenes Sohnes sein sollte, dem das Geschlecht der Medici – nachdem dessen schmählicher Niedergang schon so gut wie beschlossen schien – dann noch einmal eine Reihe von glanzvollen Höhepunkten verdanken sollte.

Aber es scheint überhaupt ein besonderes Merkmal dieses altertümlich anmutenden Viertels nördlich des Domplatzes zu sein, daß es sozusagen durch Bruchstücke, durch Unvollendetes oder Widerspruchsvolles Aufsehen erregt. Ein Beweis dafür ist fraglos auch die Kirche von San Lorenzo, die zu den ältesten Kirchen der Stadt zählt – die Urgründung wurde um 380 von einer vermögenden Witwe namens Juliana gestiftet, deren angeblicher Grabstein im sogenannten Michelangelo-Haus zu sehen ist – und deren Neubau im 15. und später dann vor allem im 16. Jahrhundert durch das Genie eines Michelangelo eine besondere Prägung erfahren sollte.

Es war in den zwanziger Jahren des 15. Jahrhunderts, als Giovanni d’Averardo de’Medici, der damals den zweithöchsten Steuersatz in Florenz überhaupt bezahlen mußte und der zu jenem Zeitpunkt auch die Leitung der verschiedenen mediceischen Unternehmungen bereits seinen Söhnen Cosimo – dem späteren „Vater des Vaterlandes“ – und Lorenzo übertragen hatte, als Giovanni d’Averardo de’Medici jenes unmittelbar hinter jenem Gebäude, wo zwanzig Jahre später der Medici-Palast entstehen sollte, gelegene Gotteshaus als mögliche Hauskirche für sein Geschlecht ins Aug’ faßte. Zuerst hatte man Brunelleschi, der zu dieser Zeit noch nicht sonderlich in Erscheinung getreten war, mit der Aufgabe betraut, für die Familie eine Sakristei zu errichten. Aber sein Modell war so überzeugend, daß man ihn dann mit dem völligen Neubau der Kirche beauftragte.

Allerdings zog sich dieser Neubau über viele Jahre hin. Brunelleschi selbst hat die Fertigstellung nicht mehr erlebt. Cosimo der Ältere finanzierte nach dem Tod seines Vaters das Vorhaben, das erst 1469 so weit abgeschlossen war, daß zumindest der Innenbau als vollendet betrachtet werden konnte. Die Fassade befand sich noch im Rohzustand.

Und hier bemächtigte sich ein anderer Medici der Baugeschichte von San Lorenzo. Es war wieder ein Giovanni de'Medici, den man sich als ziemlich temperamentlose, kühl kalkulierende und kaum begeisterungsfähige Natur denken muß, ein Mann, der im Gegensatz zum Ruf, den die Medici hatten, mit Frauen nichts anzufangen wußte und der nicht zuletzt auch aus gesundheitlichen Gründen zu physischer und moralischer Trägheit verurteilt war . . . und dieser Giovanni de'Medici, der im Alter von acht Jahren eine Abtei übertragen erhielt und als Vierzehnjähriger zum Kardinal ernannt wurde, sollte mit siebenunddreißig Papst werden, als welcher er den Namen Leo X. annahm. Übrigens mußte er zuerst noch rasch zum Priester geweiht werden – was er ungeachtet seiner Kardinalswürde bis dahin niemals gewesen war –, um der hohen Würde eines Papstes entsprechen zu können.

Dieser Papst also plante anläßlich seines ersten Besuches in Florenz nach seiner Inthronisation, das Werk seiner Vorfahren durch eine monumentale Fassade zu krönen. Erste Entwürfe von Sangallo und Sansovino befriedigten Leo allerdings nicht, so daß schließlich Michelangelo mit dem Auftrag betraut wurde. Im Jahre 1517 fertigte er zunächst Wachsmodelle an und ging dann nach Carrara, wo er fast zwei Jahre lang den Bruch der Marmorblöcke überwachte, die er für die Ausgestaltung der Fassade benötigte. Michelangelo konnte freilich nicht ahnen, daß Leos große, kühne Pläne sämtliche daran gekrankt haben oder eigentlich daran gescheitert sind, woran auch anderer, größerer Päpste Vorhaben zugrundegegangen sind: am Geldmangel. Raffael zum Beispiel, damals Architekt von Sankt Peter,

mußte fünf Jahre auf sein Honorar warten und lief sogar Gefahr, anstelle des ausgehandelten Geldes die Kardinalswürde zu erhalten. Und in Rom sollten später die Spötter behaupten, daß Leo, hätte er bloß länger gelebt, gewiß zuerst Rom, dann Christus und zuletzt sich selbst verkauft haben würde. Dieser Medici-Papst konnte ganz einfach mit Geld nicht umgehen, was gewiß sonderbar anmutet bei einer Familie, die zu jener Zeit Niederlassungen in Ancona und Avignon, in Basel, Brügge und London, in Genf, Pisa und Rom hatte und deren merkantile Begabung die eine wesentliche Voraussetzung zum politischen Erfolg war, während die andere einfach darin bestand, in jeder wichtigen Position des Staates ergebene und finanziell von den Medici abhängige Leute sitzen zu haben.

Kurz und gut, Leo X. mußte aus Geldmangel das großartige Vorhaben der neuen, monumentalen Fassade von San Lorenzo abbrechen. Die zernarbte, zerschrundene, auf ungemein eindrucksvolle Weise abstoßend häßliche Außenwand ist das Resultat dieser Katastrophe. Denn für Michelangelo bedeutete die abrupte Aufgabe des spektakulären Fassadenplans tatsächlich eine Katastrophe, ähnlich jener, die er beim sogenannten Juliusgrab in Sankt Peter erlebt hatte.

Diese unvollendete Fassade mindert freilich nicht im geringsten die Bedeutung von San Lorenzo. Und das sowohl in baukünstlerischer als auch in geistesgeschichtlicher Hinsicht. Ich darf für mich persönlich sogar behaupten, daß mir zum ersten Mal in der Alten Sakristei von San Lorenzo, dem großen Erstlingswerk Brunelleschis, die eigentliche Wirkung der Medici, ihr verführerischer Zauber und das Suggestive der Macht, wie sie von dieser Familie gehandhabt wurde, wirklich begreifbar wurden.

Die Alte Sakristei: Brunelleschi schuf mit ihr in fast zehnjähriger Bauzeit den ersten beispielhaften Zentralbau der Renaissance, Donatello und Verrocchio waren die beiden anderen großen Künstler, die vom alten Cosimo – dessen Geist in der Ausstattung der Sakristei spürbar sei, wie das die Kunsthistoriker übereinstimmend feststellen – mit der Ausgestaltung beauftragt

San Lorenzo, Kreuzgang, im Hintergrund Domkuppel und Campanile

wurden. Ich erinnere mich an manche eigenartige, berührende, nachdenklich stimmende Stunde in diesem verhältnismäßig kleinen Raum, zu welchem die Bronzeflügel der Sakristeitüren führen, die von Donatello stammen, und darin dann zuerst einmal ein großer, die Mitte des Raumes beherrschender Marmortisch auffällt, auf welchem einst die Priester ihre liturgischen Gewänder ausgebreitet haben mögen und der jenen Marmorsarkophag bedeckt, in welchem die Eltern Cosimos des Älteren bestattet sind, also der Stifter dieser mediceischen Hauskirche, Giovanni d'Averardo de'Medici, und seine Frau Piccarda. Ein anderer Sarkophag, welcher im Durchbruch der Sakristeiwand zur anstoßenden Kapelle situiert ist, enthält die sterblichen Überreste der beiden Söhne Cosimos, nämlich Pieros und Giovannis, während an Cosimo selbst eine runde Gedenkplatte aus farbigem Marmor vor dem Hauptaltar der Kirche erinnert, ein Frühwerk Verrocchios, was dann den Blick emporzwingt zu dem in der Krypta auf einem prächtigen Sockel ruhenden Sarkophag, darin die Gebeine Cosimos, dessen Bruders Giovanni und Donatellos enthalten sind.

Als der vierzigjährige Cosimo de'Medici sich zu profilieren begann, zu jener Zeit gewiß noch von der Erinnerung bewegt an die behutsame Führung durch seinen Vater, konnte Florenz längst schon von sich behaupten, daß der wachsende Wohlstand mit der kulturellen Entwicklung Schritt gehalten habe. Darauf sollte man sich besinnen, wenn man die einzigartige Verflechtung von Kunst und Politik – wie sie sich in dieser Kirche und in der Alten Sakristei darbietet – besser verstehen will. Cosimo selbst, welcher der erste eigentliche Held der mediceischen Dynastie war, geriet alsbald nach dem Tod seines Vaters mitten in die erbitterten Auseinandersetzungen zwischen Republikanern und wiedererstarkten Aristokraten. Kämpfe innerhalb der Bürgerschaft waren an sich nichts Neues in Florenz, dessen Einwohner sich mitunter über Generationen damit beschäftigten, wie man einen Rivalenstreit oder einen Bürgerkrieg am gewinnträchtigsten für sich entscheiden könnte. Aber manche dieser Operationen drohten so verlustreich und selbstzerstörerisch zu werden, daß die Existenz der Stadt selbst auf dem Spiel stand. Für einen Charakter wie Cosimo, der seine Gegner lieber moralisch korrumpierte als physisch vernichtete und der jeden Konflikt zuerst einmal durch den Einsatz materieller Mittel zu lösen versuchte, bestand das Geheimnis politischer Macht zweifellos darin, daß er durch die rücksichtslose Anwendung oligarchischer Methoden demokratische Verhältnisse erzwang. Sein Sohn Piero und mehr noch sein glänzend begabter Enkel Lorenzo sollten ihm darin nacheifern, wobei Lorenzo den Großvater an Wirkung und Leistung vielleicht noch übertraf.

Cosimo, der selbst einmal in eine demütigende Verbannung geschickt worden war und, wie später auch Lorenzo und Piero, nur durch Zufall seinen Meuchelmördern entkommen war, bestach die Auftraggeber der Mörder mit Geldzuwendungen, hielt nichts von ekstatischen Visionen, sondern beschränkte sich stets auf das Machbare. Dieses Machbare hatte vor allem mit dem soliden Klang der Goldmünzen zu tun, die man geschickt einsetzte, wenn man eine politische Entscheidung herbeiführen wollte. Sein Regierungsstil zeichnete sich dadurch aus, daß die politischen Feinde nicht mehr umgebracht, sondern entweder bestochen oder verbannt wurden. Überdies schuf Cosimo – der im Grunde seines Wesens ein einfacher Mensch geblieben war, ein schlauer bodenständiger Geldwechsler – in Florenz und für die Florentiner ein Imperium der Kultur. Unter seiner Herrschaft wuchsen Schönheit und kultureller Ruhm von Florenz ebenso wie der Reichtum dieser Stadt und allerdings auch ihre politische Stabilität. Das Geheimnis freilich, das sich in einem solchen Erfolg verbirgt, war gar keines. Denn Cosimo der Alte, Piero der Gichtige und Lorenzo der Prächtige zehrten von jener Kraft, die im Reichtum des Bankhauses Medici und seiner angeschlossenen Unternehmen begründet war. Im Augenblick, da dieser Reichtum zu schwinden begann, sollte auch der mediceische Zauber, der die Menschen verwirrte und sie vielfach ihrer politischen Vernunft beraubte, so gut wie alles an Wirkung einbüßen.

Gibt es das „florentinische Genie“?

San Lorenzo läßt uns also verstehen, was die Medici für Florenz tatsächlich bedeuteten. Ein weiteres Beispiel dafür ist zweifellos die Geschichte jener Bibliothek, die unter dem Namen „Biblioteca Laurenziana“ Weltruhm erlangt hat und die heute, erreichbar über einen der schönsten doppelgeschossigen Florentiner Kreuzgänge und umgeben von mittelalterlich anmutenden Kanonikerwohnungen, einen Seitentrakt des Klosters von San Lorenzo einnimmt. Die Räumlichkeiten wurden von Michelangelo geschaffen, wobei ich nicht verschweigen will, daß mir das Gewaltige und Pompöse seiner Architektur in diesem Zusammenhang beinahe unbehaglich anmutet, daß ich immer wieder Schwierigkeiten habe, angesichts der strengen Formgebung und eines – auf engem Raum angesiedelten und zweifellos gebändigten – Gigantismus der vielschichtigen Sensibilität dessen nachzuspüren, wofür diese Architektur geschaffen wurde. Das Übermaß an schöpferischer Gestaltungskraft erdrückt sozusagen den geistigen Inhalt. Ich habe noch nie, wenn ich vom Kreuzgang mit seiner traumhaften Aussicht auf Domkuppel und Campanile und die Dächer der Florentiner Altstadt dann über die berühmte Michelangelo-Treppe zur Bibliothek emporgestiegen bin, dieses Gefühl der Wärme und selbstverständlichen Zuneigung empfinden können, das mich beim Betreten einer Bibliothek stets überkommt. „Breit und lappig ergießen sich die mittleren Stufen wie ein zäher Lavastrom vom Portal herab“, lese ich in einem Kunstbuch. „Beim Besteigen der geländerlosen Nebenläufe macht sich ein Gefühl der Unsicherheit bemerkbar, als beträte man ein Lebewesen“. Übrigens war die Haupttreppe für den Florentiner Großherzog reserviert; von den Untergebenen mußten die beiden seitlichen Treppenaufgänge benutzt werden.

Auch oben im Leseraum dieses unbehagliche Gefühl der andachtsvollen Erstarrung vor dem schöpferischen Genie und der Kompromißlosigkeit Michelangelos anstatt der schönen

Begierde, den Blick auf Buchrücken werfen und mit den Augen die Köstlichkeiten zwischen zwei Buchdeckeln plündern zu dürfen! Die großen Bücherpulte, gleichfalls von Michelangelo entworfen, sind streng in der Linienführung und von jener Askese, die aus jeder Beschäftigung mit Literatur einen Akt des Gehorsams und der Disziplin macht. Die hölzerne Balkendecke lastet schwer auf dem an sich hohen Raum. Der Fußboden aus kostbaren Terrakottaplatten macht aus jedem Schritt eine kleine Mühsal.

Und die Bücher? In einem kleinen Nebenraum, der „Rotunde", 1841 eingerichtet, entdeckt man hinter Glas so etwas wie eine Bibliothek. Im Hauptraum sind die Nachbildungen einzelner Codices mit Ketten an den Lesepulten befestigt. Das erinnert an die Situation in jener Zeit, als diese Bibliothek noch in Funktion war. Heute ist das nur noch ein Andachtsraum zugunsten Michelangelos.

Dabei ist die Biografie dieser Bibliothek nahezu abenteuerlich. Cosimo der Ältere hat sie begründet; oben in Fiesole, wo er für den fast vollständigen Neubau der uralten Benediktinerabtei sorgte, in welcher vor allem der Nachwuchs an Klerikern sichergestellt sein sollte. Dieses erste Beispiel einer Stiftung zugunsten der Literatur animierte Cosimo zur Wiederholung im Kloster von San Marco, dem er außerordentlich zugetan war. Er schenkte einen Teil seiner eigenen reichhaltigen Handschriftensammlung den Mönchen von San Marco mit dem Auftrag, diese Kostbarkeiten allgemein zugänglich zu machen. Mit einer gewissen Berechtigung mag man also sagen, daß diese Bibliothek von San Marco die erste öffentliche Bücherei Europas war. Im Jahre 1508 gelangten die Handschriften und Drucke vorübergehend nach Rom. Es war dann Papst Klemens VII., jener Medici, unter dessen Pontifikat 1527 die vernichtende Katastrophe des Sacco di Roma über die Ewige Stadt hereinbrach, der diese Bibliothek seiner Heimatstadt Florenz zurückgab, wo sie schließlich durch Michelangelo ihre triumphale Umrahmung erhielt.

Ist es ungerecht und eigensinnig, wenn ich sage, daß ich mich in der Alten Sakristei von San Lorenzo wesentlich behaglicher oder eigentlich dem Geist der Medici vertrauter fühle? Vielleicht hat diese gewiß egoistische Empfindung auch damit etwas zu tun, daß hier die verschiedenen Figuren dieses großartigen Schauspiels – welches diese Familie über Generationen hinweg Florenz, Italien und wohl ganz Europa geliefert hat – endlich aller dekorativen Pracht entkleidet sind und wieder als Menschen, als eigenständige Charaktere figurieren, über deren Besonderheiten, Leistungen und auch tragische Irrtümer man einen Zugang findet zu dem, was ich das florentinische Genie nennen möchte.

Piero de'Medici etwa, der Nachfolger Cosimos des Älteren, in einem Sarkophag in der Alten Sakristei bestattet, den er mit seinem Bruder Giovanni teilen muß, er also, Piero, den man „Il Gottoso" genannt hat, was auf sein schreckliches Gichtleiden verweist, das ihn ein Leben lang geplagt hat, ist immer im Schatten seines Vaters gestanden und hat manches getan, was ihm den leisen Spott der Nachwelt eingebracht hat. So zum Beispiel hat er es sich nicht nehmen lassen, an der von ihm gestifteten Marmorverkleidung der berühmten Gnadenkapelle in der Santissima Annunziata eine Inschrift anbringen zu lassen, die so lautet: „Costò fior 4 mila el marmor solo", was nichts anderes besagt, als daß allein der Marmor viertausend Goldstücke gekostet habe, eine Art von Prahlerei, für die man zwar in Florenz, aber kaum anderswo Verständnis aufbringt.

Und doch hat dieser Piero – von dem man heute lesen kann, daß er, stets kränklich und von melancholischer Art und politisch nicht in der Lage, die außerordentlichen Leistungen seines Vaters fortzusetzen – etwas ganz anderes und Unglaubliches zustande gebracht; nämlich durch seine stille und beharrliche Art des Sammelns mancher Florentiner Kirche Kunstwerke zu hinterlassen und so die kulturellen Ambitionen der Medici in einer Art zu vervollkommnen, daß Florenz während seiner kurzen Herrschaft gleichsam nebenbei seinen künstlerischen wie materiellen Wert erheblich steigern konnte. Wir haben von einem Zeitgenossen namens Filarete einen etwas umständlichen, jedoch recht genauen Bericht über das Wesen dieses Medici, der uns einen Einblick erlaubt in die Intimsphäre eines Mannes, der nicht als Politiker, wohl aber als Sammler von Kunstgegenständen unvergänglichen Ruhm erwerben sollte. In diesem Bericht heißt es nämlich unter anderem: „Piero gefällt es sehr, sich die Zeit in seiner Schreibstube zu vertreiben, wohin er sich – seiner Gicht wegen – tragen läßt. Dort pflegt er sich seine Bücher anzusehen, als seien sie ein Haufen Goldes. An einem anderen Tag mag er einfach seine Augen an den Einbänden entlang streifen lassen. Am nächsten Tag zieht er die Abbilder und Darstellungen aller Kaiser und Standespersonen der Vergangenheit hervor, von denen einige aus Gold, einige aus Silber, wieder andere aus Bronze, aus kostbaren Steinen, aus Marmor und anderen Materialien wunderbarlich anzusehen gefertigt sind. Dann mag er seine Edelsteine und Kostbarkeiten ansehen, von denen er eine erstaunliche Zahl von großem Wert besitzt. Er genießt es sehr, ihre verschiedenen Wirkungen und Werte zu besprechen. Dann wieder holt er seine Gefäße aus Gold und Silber und anderen kostbaren Materialien hervor und preist ihren großen Wert und die Geschicklichkeit der Meister, die sie schufen. Man hat mir berichtet, daß er einen derartigen Reichtum von Dingen besitzt, daß es ihn einen ganzen Monat kosten würde, wollte er jeden verschiedenartigen Gegenstand einzeln betrachten . . .“

Der gichtgekrümmte Piero in seinen Schreibstuben und Schatzkammern; und sein Vater Cosimo in der stillen Abgeschiedenheit einer Mönchszelle von San Marco, wo durch ein eigens herausgebrochenes Loch in der Wand etwas Sonnenlicht auf ein Fresko des Fra Angelico fällt . . . aus solchen Momentaufnahmen, in denen ebenso viel an Wirklichkeit enthalten ist wie in den Darstellungen über die politischen und kaufmännischen Aktivitäten dieser Männer, formt sich das Porträt einer Familie, über deren politische Begabung man gelegentlich das ihr selbstverständliche Mäzenatentum vergißt; und deren mäzenatische Neigungen immer wieder den robusten kapitalistischen Hintergrund und die psychologischen Voraussetzungen für den unglaublichen politischen Erfolg vergessen lassen. Und es mag sich ein wenig eigenartig anhören, wenn man feststellt, daß man ausgerechnet in der feierlichen Stille der Alten Sakristei von San Lorenzo dieser Vielschichtigkeit gewahr wird, daß man hier, umgeben von den etwas verblichenen, abgenützt anmutenden und doch beeindruckenden Zeugnissen einer großartigen Vergangenheit, auch das gleichsam Menschliche und Private, das diese Vergangenheit mitgestaltet hat, endlich einmal verstehen kann.

San Lorenzo ist eine Fundgrube für jeden, dem das bloße Etikett „florentinisches Genie“ zu allgemein und damit auch zu nichtssagend ist. Es gibt in dieser Hinsicht nuancierte Möglichkeiten einer Interpretation dieses Begriffes. Beispiele aus der Kunst wie auch aus der politischen Geschichte von Florenz. Da wölben sich zu beiden Seiten des Kirchenschiffes Donatellos legendäre Kanzeln aus der Dämmerung des Gotteshauses hervor. Die beiden rechteckigen, kastenförmigen Arbeiten erinnern unwillkürlich an antike Sarkophage. Die Bronzearbeiten sind selbst im Detail noch mit kernigem Oberflächenreiz erfüllt. Dieser Eindruck des Außerordentlichen und Unwiederholbaren wird auch durch den Umstand nicht getrübt, daß Donatello selbst nicht mehr imstande gewesen ist, die beiden Werke zu vollenden. In den sechziger und siebziger Jahren des 15. Jahrhunderts waren Bertoldo und Bellano an der Fertigstellung beteiligt, die später dann von Meistern der sogenannten Bologna-Schule vervollständigt wurde.

Ein anderes unverlierbares Denkmal für die ungebrochene Wirksamkeit florentinischer Kunst ist Michelangelos Reliquientribüne oberhalb des Hauptportals, die in ihrer strengen Formgebung etwas Gebieterisches besitzt. In der Alten Sakristei wiederum ist es ein – wahrscheinlich von Verrocchio entworfenes – Waschbecken, ein Lavabo, dessen phantastisch anmutende Dekoration Erinnerungen wachruft an jenes goldene Zeitalter, als sich hier Kardinäle und selbst Päpste die Hände säuberten, bevor sie dem frommen Zeremoniell huldigten, das oft nur der krönende Abschluß einer Intrige oder eines raffiniert eingefä-

San Marco, Wohnzelle von Cosimo d. Ä.

delten Geschäftes gewesen sein mag. In diesem Zusammenhang sollte man auch das kleine Wachsporträt Cosimos des Älteren nicht übersehen, das sich oberhalb der Eingangstür zur Alten Sakristei befindet und das uns das Antlitz eines Mannes erahnen läßt, der nicht nur ein Meister im skrupellosen Einsatz von Menschen war, sondern der es auch verstanden hat, in seinem Hause die führenden Köpfe der Republik um sich zu versammeln. Vielleicht sollte man sich auch an eine Aufzeichnung erinnern, die sein Enkel Lorenzo der Prächtige gemacht hat und darin es heißt: „Ich finde, daß wir vom Jahre 1434" – das war zu jenem Zeitpunkt, als Cosimo der Ältere aus einer vorübergehenden Verbannung nach Florenz zurückkehren und sich hier innerhalb kurzer Zeit an die Spitze der Macht setzen konnte – „bis heute große Summen ausgegeben haben, wie aus einem Quartbüchlein der Jahre 1434 bis 1471 hervorgeht. Ich sehe eine unglaubliche Summe, denn sie beträgt 663.755 Fiorini für Bauwerke, wohltätige Zwecke und Abgaben ohne die übrigen Ausgaben. Ich will mich hierüber nicht betrüben. Denn wenn auch viele wünschten, sie hätten nur einen Teil davon im Beutel, so meine ich, daß es für unseren Staat ein großer Ruhmestitel und eine gute Geldanlage sei, und ich bin des Ganzen außerordentlich zufrieden."

Sie waren – mit Charakteren wie Cosimo dem Älteren und Lorenzo dem Prächtigen als unvergleichlichen Anführern in dieser Disziplin – sozusagen bedenkenlose Mäzene, wenn es darum ging, ihr Vermögen zum Ruhme nicht nur des eigenen Hauses, sondern auch der florentinischen Republik einzusetzen. „Ich will mich hierüber nicht betrüben", schrieb Lorenzo der Prächtige angesichts einer Summe, deren wahre Größenordnung wir uns heute kaum vorzustellen vermögen. Andreas Grote schreibt dazu: „Diese einzigartige Haltung, mit welcher in der Familie Medici die Aufgabe des Mäzenatentums als ein Dienst an der Republik aufgefaßt wurde – nicht als Erhöhung der eigenen Person –, diese Haltung trug schon zu Lebzeiten Cosimos dazu bei, die Stadt und ihre Umgebung zu verändern."

Aber das allein war es nicht, was den Charakter dieses einen

Medici, dessen Wachsporträt in der Alten Sakristei nur ungefähr geistige Kontur und moralische Haltung erahnen läßt, so einzigartig macht. Ein Beispiel mag illustrieren, zu welcher konsequenten Haltung Cosimo fähig war, wenn er sich ungeachtet merkantiler oder politischer Interessen einer ehrenvollen Haltung und einem Freundschaftsdienst verpflichtet fühlte. Ein gebürtiger Toskaner, ein gewisser Baldassare Coscia, befreundet mit Cosimo und unterstützt durch diesen, war 1410 zum Papst gewählt worden. Er war, wie man das festhalten muß, ein sogenannter Gegenpapst; als dieser hatte er den Namen Johannes XXIII. angenommen.

Nun, dieser Baldassare Coscia oder, sofern wir ihn als Papst akzeptieren wollen, Johannes XXIII. war nicht gerade vom Glück begünstigt. Als er zu dem von ihm selbst einberufenen Konzil von Konstanz unterwegs war, soll sich in seinem Gefolge auch Cosimo befunden haben. Es gibt dafür außer einigen Hinweisen in den verschiedenen Biografien des Medici zwar keinen verbürgten Beweis; aber annehmen darf man, daß zumindest ein Vertreter der mediceischen Bank Baldassare begleitet hat. Denn daß er von der Florentiner Familie finanziert wurde, steht außer Zweifel. Baldassare wurde in Konstanz bekanntlich abgesetzt, mußte flüchten, wurde ergriffen und eingekerkert und gegen ein hohes Lösegeld – welches natürlich die Medici aufbrachten – wieder freigesetzt. Inzwischen war der auf dem Konstanzer Konzil rechtmäßig gewählte Papst Martin V. nach Florenz gekommen, wo er jahrelang in Santa Maria Novella residierte. Und hier waren es dann wieder die Medici, die sich hartnäckig für ihren unglücklichen Freund Baldassare einsetzten und es schließlich erreichten, daß dieser gleichfalls nach Florenz kommen und sich dem Papst zu Füßen werfen durfte. Martin V. war in der Tat großmütig genug – und wohl auch von den einflußreichen Medici darauf vorbereitet –, seinem Gegenspieler zu verzeihen und ihn sogar mit der Kardinalswürde auszuzeichnen. Ein halbes Jahr später starb Baldassare Coscia. Und noch einmal waren es die Medici, die dafür sorgten, daß dem einstigen Gegenpapst Johannes XXIII. in der Taufkirche von Florenz eine würdige Grablege bereitet wurde. Sie beauftragten die beiden damals noch jungen Künstler Michelozzo und Donatello mit deren Herstellung und kümmerten sich im übrigen auch darum, daß die Stadt Florenz eine Grabinschrift anfertigen ließ, die folgenden Wortlaut hatte: „Johannes, einst als Dreiundzwanzigster Papst, starb zu Florenz im Jahre 1418, am 23. Dezember." Diese Inschrift erboste wiederum den regierenden Pontifex, der sie als Provokation begriff. „Doch allen seinen Protesten ist Cosimo freundlich aber bestimmt entgegengetreten, obgleich diese Episode dazu geeignet war, die Kluft zwischen dem Papst und Florenz zu vertiefen." (A. Grote)

Es gibt Kontraste, Ergänzungen, die dieses Bild abrunden, es gleichsam menschlicher gestalten und unsere Vorstellung von dem, was wir als „florentinisches Genie" begreifen mögen, auf eine fast private Art ergänzen. Der Atem der Geschichte, den man in San Lorenzo unentwegt beunruhigend im Nacken fühlt, hört manchmal plötzlich auf, an uns, die wir dieser Geschichte gehorsam nachzufolgen versuchen, unerfüllbare Anforderungen zu stellen. Es wirkt angesichts dieser Fülle von Kunstbeispielen der allerersten Qualität und von bemerkenswerten Zitaten einer beispielhaften Geschichte nämlich beinahe versöhnlich, wenn man in einer Kapelle neben dem Hauptaltar von San Lorenzo eine Madonnenstatue aus bemaltem Holz entdeckt, ein Werk des 14. Jahrhunderts, das als „ben tornata", als „wohlbehalten Zurückgekehrte", in Florenz große Verehrung genießt. Denn nachdem man diese Statue 1822 in die Sakristei gebracht hatte, kehrte sie auf wunderbare Weise rund dreißig Jahre später wieder in ihre ursprüngliche Situation zurück, was bei den Florentinern, die auch im 19. Jahrhundert nichts von ihrem prachtvollen Aberglauben eingebüßt hatten, große Aufregung verursachte. Es ist ein höchst gewöhnliches Frauenzimmer mit freundlicher Ausstrahlung, das einst solcher Wanderschaft fähig gewesen ist, ein eher bäuerlicher Typ, der in dieser feierlichen Umgebung etwas deplaziert wirkt. Das Licht der immerzu brennenden Kerzen beleuchtet die Statue, wirft einen milden Schein auf die Figur, der so gar nichts Geheimnisvolles eignet, sondern vielmehr an diese gesunden, kraftvollen, ungemein diesseitigen Menschen in der Toskana denken läßt, die fernab aller großen Geschichte und aller spektakulären Mirakel ihren Geschäften nachgehen, wachsam, ehrgeizig, immer ein wenig mißtrauisch und dennoch dem Leben gegenüber aufgeschlossen. Vielleicht ist diese „ben tornata“ den Florentinern deshalb so ans Herz gewachsen, weil sie sich in ihr wiederfinden. Weil sie in dieser Statue etwas von sich selbst entdecken, das weder durch das Beispiel großer Kunst noch durch jenes der Geschichte wirklich erklärt werden kann.

Mäzen und Mäzenatentum

Es wiederholt sich alles auf geheimnisvolle Weise, wenn man in Florenz ankommt: Bilder, die wie eine sanfte Berührung sind, Erinnerungen, die man spürt, als wären sie eine süße Last, derer man sich nie mehr entledigen möchte. Die lärmende Bewegung auf den Bahnsteigen, wenn der Expreßzug endlich in Santa Maria Novella eingefahren ist. Dann draußen vor dem Bahnhofsgebäude der abendliche Verkehr, die wartende Menschentraube drüben an der Kreuzung Via de'Panzani und Piazza dell'Unità und die gelbe Leuchtreklame des Baglioni darüber, das untertags wie ein gemütliches Posthotel aus dem 19. Jahrhundert aussieht, etwas verstaubt und ein wenig aus der Mode gekommen. Und während man sich gehorsam anstellt in der Reihe der Wartenden, die vor dem Bahnhof ihre Hälse nach einem ankommenden Taxi recken, schimmert von der gegenüberliegenden Seite der Piazza della Stazione der gewaltige Backsteinbau von Santa Maria Novella herüber. Und man weiß, daß man nur ein paar Schritte zu tun brauchte, um entweder San Lorenzo und dann den Domplatz zu erreichen oder aber unterzutauchen im Winkelwerk der alten Gassen rund um den Palazzo Strozzi, dahinter schon Santa Trinità liegt und der Arno dunkel und lautlos fließt. Man erkennt wieder die Liebespaare auf den Steinbänken der Piazza Santa Maria Novella. Es hat den ganzen Tag über geregnet. Aber jetzt hüpft ein dünner Mond in den kleinen Wasserlachen umher. Und die Liebenden sehen plötzlich wie Katzen auf Dachgesimsen aus. Noch etwas später – wenn man schon fast wieder heimisch geworden ist in dieser Stadt, von der man noch immer nicht weiß, ob man sie bloß bewundern oder sich ihr auch mit zärtlicher Zuneigung nähern darf – die selbstverständliche Handbewegung, mit welcher der Wirt gleich drüben an der Ecke Via del Sole und Via del Moro die bauchige Karaffe mit dem dunkelroten Wein auf den Tisch stellt und dabei, als wäre man erst gestern von diesem Tisch im schmalen, anheimelnden Kellerlokal aufgestanden, das gesottene Rindfleisch empfiehlt und dazu die kleinen weißen Bohnen, abgemacht mit Essig, Öl und etwas Pfeffer, wobei er zu verstehen gibt, daß die Fettucine nach Art des Hauses, die man so oft mit genießerischer Behaglichkeit genossen hat, als Vorspeise so spät am Abend nicht so bekömmlich wären wie der Antipasto toscano mit etwas Hühnerleber auf dem leicht angerösteten Weißbrot . . . dann kann man für ein kleines Weilchen aufatmend die Füße von sich strecken und die vielen geistigen Herausforderungen vergessen, mit denen Florenz jeden züchtigt, der hinter das Geheimnis oder den Zauber dieser Stadt kommen will.

Anderntags mag man sich umsehen. Und zu begreifen versuchen, was den spröden Charme ausmacht, dem man sich nicht entziehen kann. Im Hildebrandhaus an der Piazza San Francesco di Paola wird man sich an den deutschen Bildhauer Adolf von Hildebrand erinnern, der hier einst sein Atelier hatte, das er gelegentlich mit Böcklin und Marées teilte und wo unter vielen anderen auch Cosima Wagner ein und aus ging und Ludwig Curtius, in dessen Begleitung gelegentlich der damals noch junge Wilhelm Furtwängler auftauchte. Im Museo Stibbert am Nordrand der Stadt, in einer schloßähnlichen Villa, die der schottische Offizier und Kunstsammler Frederik Stibbert um die Jahrhundertwende bewohnte, mag man sich an der bedeutenden Waffensammlung oder an der eher kuriosen, in Gipsfiguren recht martialisch dargestellten Reiterei delektieren. Und in der Casa Buonarotti, dem sogenannten Michelangelo-Haus in der Via Ghibellina unweit des Teatro Verdi, wird man sich vielleicht daran erinnern, daß Michelangelo dieses Haus seinem abgöttisch geliebten Neffen Leonardo gekauft, aber nie selbst darin gewohnt hat. Allerdings ist die darin enthaltene Sammlung von Kunstwerken und Erinnerungsstücken durchaus geeignet, eine erste ungefähre Vorstellung vom Leben und dem Werk des genialen Bildhauers zu vermitteln. Und in der Biblioteca Riccardiana, die im Palazzo Medici-Riccardi untergebracht ist, kann man unter den mehr als dreißigtausend Bänden, Handschriften und literarischen Kostbarkeiten ein Exemplar der

„Göttlichen Komödie“ aus dem Jahre 1481 besichtigen, was wiederum als eine Art Wegweiser dient zu den vielen Schauplätzen, an denen Dantes großartiges Werk von den Florentinern öffentlich gelesen und diskutiert wurde.

Irgendeinen Anlaß für bewunderndes Erstaunen, für die Bereicherung des eigenen Wissens oder einfach für diesen einen umfassenden Blick, mit dem man die Wunder der Welt für sich entdeckt, gibt es immer in dieser Stadt. Und immer wieder auch diese Augenblicke der vollkommenen Erschütterung, des Eintauchens in das Wunder der Kunst, durch das man das Leben unter einem völlig neuen Aspekt begreift.

Ein Beispiel dafür ist die Neue Sakristei von San Lorenzo, die man von der Piazza di Madonna degli Aldobrandi aus erreicht. Ich erinnere mich noch gut an jenes erste Mal, als ich Michelangelos Marmorarchitektur sehen sollte, und in einer winzigen Kaffeebar und Pizzeria ungeduldig auf den Augenblick der Öffnung dieses Museums wartete. Draußen blies ein kalter Wind. Schwere dicke Regentropfen zerplatzten mit einem schmatzenden Geräusch auf den Zeltplanen der Marktbuden, die sich wie kleine, von Feuchtigkeit gänzlich durchtränkte grauweiße Pilze rund um den Kirchenkomplex drängten. In der Kaffeebar lehnten einige Marktfahrer an der schmuddeligen Theke und schlürften ihren Morgenkaffee. Ein Koch schleppte Pizzas und Pasteten herbei, alle in großen rußgeschwärzten Pfannen, denen man ansah, daß sie seit vielen Jahren schon in Gebrauch waren. Es roch köstlich nach frischer Bäckerei und Gewürzen und Kaffee. Die Gespräche der Marktfahrer drehten sich fast ausnahmslos ums miserable Geschäft, das in diesem Jahr besonders nachgelassen habe . . . erst viel später würde ich erfahren, daß diese beredten Klagen jedes Jahr und zu jeder Jahreszeit den nämlichen Tonfall haben. Die Geschäfte gehen immer schlecht. Marktfahrer klagen immer. Und immer riecht es in den kleinen Kaffeebars, Pizzerias und Rosticcerias rund um den Markt von San Lorenzo nach frischer Bäckerei, Gewürzen und Kaffee.

Die Neue Sakristei entstand auf Drängen des Medicipapstes

Leo X., der sich einerseits verpflichtet fühlte, für Lorenzo den Prächtigen und dessen bei der Pazziverschwörung ermordeten Bruder Giuliano eine würdige Grablege einzurichten und der andererseits Michelangelo nach dem mißglückten Abenteuer mit der unvollendeten Fassade von San Lorenzo durch einen neuen Auftrag versöhnen wollte. Im November des Jahres 1519 wurden die ersten Mauern hochgezogen. Michelangelo selbst begann seine Tätigkeit zwei Jahre darauf, mußte sich aber zwei weitere Jahre später der üblichen Geldsorgen wegen drastisch einschränken. Es war dann Papst Klemens VII., gleichfalls ein Medici, der die notwendigen Geldmittel zur Verfügung stellte, die eine Fortsetzung des Bauwerkes ermöglichten. 1534 verließ Michelangelo Florenz und ging nach Rom. Damals waren gerade die Statuen der mediceischen Herzöge aufgestellt worden. Aber es scheint, daß sich in Florenz niemand sonderlich um die Fertigstellung dieser Neuen Sakristei gekümmert hat. Es war Giorgio Vasari, der sich schließlich bei Herzog Cosimo I. brieflich über den desolaten Zustand dieser Grabstätte beklagte und auf rasche Abhilfe drängte: Die Statuen Michelangelos wären rußgeschwärzt, Feuer würden willkürlich angezündet, überall sickere Wasser herein, die ganze Anlage gerate in Gefahr, eine ausgeplünderte, mutwillig zerstörte Ruine zu werden. Der Herzog zeigte sich von diesem Brief betroffen und reagierte ebenso rasch wie nachdrücklich. Er beauftragte Vasari mit der Renovierung und endgültigen Fertigstellung der Neuen Sakristei, so daß bereits 1539 die sterblichen Überreste Lorenzos des Prächtigen und dessen Bruders Giuliano endlich den ihnen gebührenden Platz erhielten.

Insgesamt sind in der Neuen Sakristei fünf Medici bestattet. Lorenzo il Magnifico, sein unglücklicher Bruder Giuliano, dann ein anderer Giuliano, der als Herzog von Nemours ebenso unbedeutend blieb wie jener zweite Lorenzo, der als Herzog von Urbino einen der vielen Außenposten der Medici bekleidet hatte. Und schließlich noch ein gewisser Alessandro de'Medici, der 1537 ermordet worden war.

Aber es sind, wenn man von Lorenzo dem Prächtigen

FERDINANDVS I M D ETR

absieht, nicht diese Männer und ihre Biografien, welche die Neue Sakristei zu einem Ereignis werden lassen, sondern Michelangelos Statuen, die als symbolischer Schmuck der Sarkophage dienen. Die unglaubliche Sinnlichkeit dieser mächtigen Marmorleiber ist aufwühlend. Und das im buchstäblichen Sinne des Wortes. Da muß, denkt man unwillkürlich, Magie mit im Spiel sein, daß totem, kaltem Stein solches Leben, solche prachtvolle Laszivität eingehaucht werden kann. Es ist nicht irgendeine Pose, durch die alle diese Figuren so hinreißend wirken; es ist der Gesamteindruck, den sie vermitteln. Das Menschliche, Kreatürliche in seiner ganzen ungestümen Kraft wird hier deutlich. Beinahe fürchtet man – und erhofft es zugleich –, daß diese nackten, dem betroffenen Blick sich ungestüm entgegenbäumenden Leiber lebendig würden, daß den Mündern jener heiße Atem entströmt, den Michelangelo in die kunstvoll geglättete oder gebändigte Form des Marmors eingegossen hat.

Meines Wissens hat von allen Literaten, Publizisten und Kunsthistorikern, die im Verlauf der letzten Jahrzehnte über Michelangelos Neue Sakristei ihre Meinung in mehr oder minder respektvoller Form ausdrückten, der deutsche Schriftsteller Kasimir Edschmid die passendsten oder eigentlich berührendsten Worte gefunden, wenn er vor mehr als drei Jahrzehnten einmal schrieb, daß man hier überall die Kräfte der Vernunft und der Berechnung sich formend auswirken fühle. „Aber seltsamerweise wirken die einzelnen Gestalten . . . jenseits ihrer sinnbildhaften Bedeutung auch für sich allein mit wunderbarer Natur. Sie sind Fleisch und Kraft, Blüte und Frucht zugleich."

Das ist eine erste behutsame Umschreibung dessen, was man tatsächlich empfindet, wenn man den Marmorleibern der beiden Frauen erstmals gegenübertritt. Dazu Edschmid: „Es hat der Meister gerade den Figuren der beiden Frauen eine Aufgabe zugewiesen, die eigentlich Männern zukommt, denn obwohl ihre Schenkel sich üppig dehnen, ihre Brüste sich zärtlich heben und ihre Haltung die Bereitschaft zu jeder Liebkosung ankündigt, sind die Köpfe der Frauen, welche die Morgendämmerung und die Nacht verkörpern, in die Schatten schwerer Gedanken gehüllt. Michelangelo schenkte den Frauen das, was noch kein Künstler wagte: den neuen Adel, auf ihren Zügen die Last der Gedankenwelt tragen zu dürfen, während er die Männer dazu bestimmte, die ungefügen Helden des dumpfen Daseinswillens zu sein."

Das Animalische in seiner vollkommensten Form, dem man hier begegnen darf, entzündet jedenfalls im Geist des Betrachters eine Reihe von Explosionen, die seine Vorstellungen von Kunst und ihrer Wirksamkeit durchaus zu revolutionieren vermögen. Das Prinzip des Sinnlichen, zugleich schöpferisch gebändigt und durch den schöpferischen Akt auf eindrucksvolle Weise freigesetzt, erfährt in diesen Statuen eine Rechtfertigung, die jeden möglichen Einwand gegenstandslos macht.

Über die Bewunderung für Michelangelo kann es gelegentlich schon einmal vorkommen, daß man den eigentlichen Anlaß für diese Neue Sakristei vergißt. Und dabei den Protagonisten übersieht, der als einziger der hier bestatteten Medici jenen Rang erreicht hat, ab welchem dauerhafter Ruhm selbstverständlich wird und Unsterblichkeit nur noch eine lohnende Zugabe ist. Lorenzo de'Medici ist damit gemeint, auch Lorenzo der Prächtige genannt, der bis zu seinem Tod im Jahre 1492 Florenz in der Tat zur ersten Kunststadt Italiens gemacht hat. Man sollte sich vielleicht bloß daran erinnern, daß jene Bibliothek, die einst Lorenzos Großvater Cosimo begründet hatte, nunmehr unter und durch Lorenzo fast auf den doppelten Umfang anwuchs. Einer der wesentlichen Charakterzüge dieses außergewöhnlichen Mannes war eine unstillbare Neugier auf alles, was mit Kunst oder Kunsthandwerk zu tun hatte. Er wollte begreifen lernen, wie ein Kunstwerk entsteht, welche materiellen und geistigen Voraussetzungen dafür wirklich notwendig sind und welche Rolle dabei die Phantasie spielt. Und es war Lorenzo, der den jugendlichen Michelangelo in der Werkstätte des Ghirlandaio, wo er seine Ausbildung als Bildhauer erfuhr, sozusagen entdeckte und nachdrücklich förderte, indem er Michelangelo in das damals existierende Museum für Bildhauerei versetzen ließ, das er selbst in den Gärten des Palazzo Medici eingerichtet und natürlich auch finanziert hatte.

In diesem Zusammenhang darf man auch daran erinnern, daß die Florentiner Malerei unter Lorenzo de'Medici – der ja nicht nur als wohltätiger Mäzen in Erscheinung trat, sondern auch und vor allem als Freund der Künstler – einen ihrer Höhepunkte in den Meisterwerken eines Leonardo da Vinci, Sandro Botticelli, Andrea del Verrocchio oder Domenico Ghirlandaio hatte. Als Mäzen habe Lorenzo weit mehr geleistet als seine Vorgänger Piero und Cosimo, schreibt James Cleugh in seiner Biografie der Familie Medici. „Er wußte mit verarmten Malern und Bildhauern ebenso umzugehen wie mit Poliziano und Pico della Mirandola, der ein gebürtiger Fürst war. Außerdem versuchte er, ein wenig in das Gewerbe jener bescheidenen Handwerker einzudringen, als die sie für gewöhnlich galten. Die Bildhauer Donatello und Verrocchio sahen aus wie gewöhnliche Arbeiter und benahmen sich auch so. Aber ob sich die Künstler nun artikulieren konnten oder nicht . . . Lorenzo erkannte damals als einziger, daß der Mangel an formaler intellektueller Ausbildung einen Mann nicht daran hindern muß, von seiner Phantasie Gebrauch zu machen." Und Lorenzo war auch der einzige Mäzen, der imstande war, die Fassade einer von ihm gestifteten Kirche zu entwerfen, eine Fähigkeit, die man bei diesem Mann vielleicht deshalb gerne übersieht, weil er auch als Politiker alle seine Zeitgenossen bei weitem überragte.

Er habe mehr wie ein Präsident denn wie ein Fürst gehandelt, urteilten die Zeitgenossen über Lorenzo il Magnifico. Und das ist, wenn man die damaligen politischen Verhältnisse in Italien und Florenz in Betracht zieht, ein hohes Lob. Lorenzo habe im übrigen den sogenannten Renaissancemenschen in einem weit größeren Ausmaß verkörpert als die meisten bedeutenden Künstler, Literaten und Philosophen seiner Zeit, meint James Cleugh. „Seine Interessen an der Landwirtschaft, an Musik und Architektur gingen über das Gedankliche hinaus bis zur Tat. Ein Gemälde oder eine Skulptur konnte er ebensogut beurteilen wie ein Fachmann. Er sammelte Bücher und Handschriften mit

Geschmack und Urteilsvermögen. Er hatte einen prächtigen Rennstall, er liebte die Jagd und prunkvolle Schauspiele."

Und er war als Staatsmann vorsichtig, geduldig und stets darauf bedacht, vernünftig zu handeln, das heißt, nur solche Entscheidungen zu treffen, die dem Gemeinwohl nützlich sein konnten. Lorenzo war im Gegensatz zu fast allen anderen regierenden Fürsten seiner Zeit auch nicht rachsüchtig oder auf übertriebene Weise von Ehrgeiz erfüllt, ein Umstand, der Florenz vor mancher Katastrophe bewahrt hatte. Natürlich hatte er die Familie Pazzi wegen ihrer Beteiligung an der berühmten Verschwörung gegen die Medici streng bestraft. Das mußte nicht zuletzt auch deshalb geschehen, weil es das Volk so von ihm erwartet hatte. Jede andere Haltung als eine unnachsichtige in den ersten Wochen und Monaten nach dem Attentat auf ihn im Dom, bei welchem sein Bruder ermordet wurde, wäre auf völliges Unverständnis gestoßen und hätte letztlich dem Ansehen der Medici geschadet. Aber später, als in Florenz die erste Erbitterung über die ruchlose Tat der Pazzi abgeklungen war, setzte Lorenzo wieder auf die Vernunft und erlaubte den überlebenden Mitgliedern der Pazzi-Familie die Rückkehr aus der Verbannung.

„Er war ein Souverän ohne offiziellen Titel; allein das freie Votum der Bürger hatte ihn zum Staatsoberhaupt von Florenz gemacht. Er ließ die Verfassung der Stadt fast unverändert und achtete streng auf die Einhaltung der republikanischen Regierungsform. Wahrscheinlich hat er der Schatzkammer heimlich Geld entnommen, aber vor allem für öffentliche und nicht für private Zwecke. Dazu gehörte auch, die Banken der Medici vor der Insolvenz zu bewahren. Wären sie zahlungsunfähig geworden, hätte die Republik, deren Wohl so weitgehend von ihnen abhing, schweren Schaden genommen." (J. Cleugh)

All dessen mag man sich entsinnen, wenn man in Michelangelos Neuer Sakristei vor dem Grabmal Lorenzos des Prächtigen steht. Hier, wo einige wenige Figuren das geheimnisvolle Zusammenspiel von Natur und Kunst aufs schönste dokumentieren, wird man nicht zuletzt auch Lorenzos wegen das zu bewundern haben, was menschlicher Verstand, Phantasie, Begabung und menschlicher Formwille zu leisten imstande sind. Wir wissen, daß Michelangelo mit seinen Skulpturen in der Neuen Sakristei von San Lorenzo etwas völlig Neues entwickelt hat, das alle althergebrachten Formen ersetzte. Aber wir dürfen darüber nicht vergessen, daß in dieser Sakristei auch die sterblichen Überreste eines Mannes ruhen, der in der Politik wie im Leben neue Maßstäbe gesetzt hat.

Vielleicht ist deshalb die Enttäuschung über die sogenannte Fürstenkapelle, die sich neben der Neuen Sakristei befindet, besonders groß. Nicht zufällig ist sie bereits im 18. Jahrhundert von Kritikern mit dem „Kleid eines Harlekins" verglichen worden. Es war Großherzog Cosimo I., der den ersten Anstoß für dieses mehr prunkvolle als eindrucksvolle Mausoleum gab, darin er selbst und fünf seiner weniger bedeutenden Nachfolger bestattet sind. Vasari hatte Ende des 16. Jahrhunderts ein Modell angefertigt, aber erst 1605 konnte der Grundstein für das Bauwerk gelegt werden, das sich dann auf solche Art ins Kolossale entwickelte, bis von der ursprünglich beabsichtigten Wirkung „eines alle Sinne überwältigenden Kunstwerkes" nichts anderes mehr blieb als ein pompöser Schauraum, der ganz mit „Pietra dura" ausgekleidet ist, mit diesem harten, bunten Stein, dessen Sammlung und kunsthandwerkliche Bearbeitung stets ein bevorzugtes Anliegen der Medici gewesen ist. In diesem Zusammenhang sollte man wohl darauf verweisen, daß der Fußboden dieser Fürstenkapelle erst in unserem Jahrhundert vollendet wurde. Und nicht übersehen sollte man den sogenannten Reliquienschatz in zwei Nebenräumen der Fürstenkapelle, obgleich es vielleicht nicht jedermanns Geschmack sein dürfte, verblichene Knochen in kostbar gefaßten Gefäßen bewundern zu müssen.

Zwischen Santa Maria Novella und Santa Croce

Die dicken Tauben an der Fassade der Dominikanerkirche von Santa Maria Novella haben mich immer schon fasziniert. Gurrend und zuckend und mit kalten, berechnenden Augen die Welt beobachtend, die sich ihnen wahrscheinlich als eine ovale Scheibe darbietet, kiesbestreut und von zwei Obelisken abgesteckt, die gemeinsam mit einer kleinen Brunnenanlage und dunkelgrauen oder dunkelgrünen Steinbänken der Piazza Santa Maria Novella ein etwas altertümliches Gepräge verleihen, kauern die Tiere wie Dämonen am hellfarbenen Stein der Fassade, den sie mit ihrem scharfen Kot bespritzen und manchmal auch, wie ich das einmal zufällig beobachtet habe, mit hämmernden Schnabelhieben bearbeiten. Seit dem Mittelalter, seit dem Entstehen dieser Kirche, sind sie die eigentlichen Beherrscher Santa Maria Novellas. Ihre Leiber kleben wie dicke Klumpen am hellfarbenen Stein, aufgequollen vom Stundenschlag der Zeit und der Wichtigkeit ihres Daseins als unaufhörliche Augenzeugen dessen, was rund um Kloster, Kirche, Platz und gegenüberliegendem Spedale San Paolo dei Convalescenti – einem ehemaligen Hospital, das auch als Pilgerherberge gedient hat – an Bedeutungsvollem und Lächerlichem passiert ist.

Darunter die unentwegt aus und ein flutende Menge der Besucher. Im Inneren das unaufhörliche Brausen der Stimmen. Das ist ein Ton, den man nicht mehr aus dem Ohr bekommt. Er ist gleichbleibend, kennt keine Höhen und Tiefen, hängt, vergleichbar am ehesten noch mit dem Lärm eines riesigen Bienenschwarms, wie ein unsichtbares Netz über den Köpfen der Menschen, die schubweise und in mehr oder minder geordneter Formation die Stationen abschreiten, ablaufen, welche ihnen die Reisehandbücher und Kunstführer vorschreiben. Menschentrauben also vor der Cappella della Pura mit einem schönen Gnadenbild aus dem Trecento, einer Madonna mit Kind, das daran erinnern soll, daß einst – angeblich im Jahre 1472 – eine liebliche Stimme zwei Knaben, die auf dem Friedhof der Dominikaner spielten, zugerufen haben soll, sie müßten sich endlich waschen . . . Immerhin pilgern seit jener Zeit, wie man mir einige Male ernsthaft versicherte, die Mütter von Florenz nach Santa Maria Novella, um den Schutz der Madonna für ihre Kinder zu erflehen.

Menschentrauben natürlich auch vor Ghirlandaios berühmtem Freskenzyklus, entstanden in den Jahren 1485 bis 1490 und unter Mithilfe von Schülern des Meisters, darunter auch jener Michelangelos, eine Bildgeschichte, welche den Hauptaltar schmückt und eine biblische Legende unter Zuhilfenahme von Florentiner Ereignissen, Schauplätzen und Figuren erzählt. Ein geschwärztes Kruzifix erhebt sich über dieser Szene, und immer, wenn die elektrische Beleuchtung aufflackert und die Fresken in helles Licht taucht, hängt Christus, von allen unbeachtet, an seinem dunklen Kreuz und starrt blicklos auf das Menschengewimmel unter sich. Einmal probierte ein Chor der Carabinieri, die in einem Teil der ehemaligen Klostergebäude von Santa Maria Novella eine Unteroffiziersschule eingerichtet haben, seine stimmlichen Fähigkeiten unter den Fresken Domenico Ghirlandaios aus, und es war merkwürdig mitzuerleben, wie das Wetterleuchten der elektrischen Beleuchtung, immer wieder von den Besuchern ausgelöst, die Ghirlandaios Fresken genauer und hellerleuchtet sehen wollten, die eifrigen Carabinieri verwirrte. In ihren hübschen Uniformen wirkten sie wie Akteure eines Schauspiels, das sie nicht ganz begriffen. Und nur Christus hing stumm und wie zerbrochen an seinem dunklen Holzkreuz.

Menschentrauben natürlich auch in der sogenannten Strozzi-Kapelle und vor den Fresken des Meisters Nardo di Cione, die um das Jahr 1375 entstanden sind. Und auch in der von Jacopo Talenti angelegten und von Giovanni della Robbia mit einem Wandbrunnen in glasierter Terrakotta geschmückten Sakristei steht man meist Leib an Leib, drängen sich die Touristen vor den farbigen Schmuckkarten und detaillierten Ansichten dieser Dominikanerkirche, von der man eigentlich längst nicht mehr genau sagen kann, ob sie nun ein Gotteshaus oder ein riesiges

Museum ist. Gegen den Umstand, nur ein Museum zu sein, spricht allerdings die Tatsache, daß einige der bedeutendsten Kunstwerke von den Besuchern eher übersehen werden. So etwa Masaccios großartiges, zutiefst ergreifendes Fresko „Gottvater und der Gekreuzigte" oder Brunelleschis berühmtes hölzernes Kruzifix oder aber auch das Bildnis jenes Patriarchen von Konstantinopel namens Joseph, der in Florenz einst eine nicht unbedeutende Rolle gespielt und dann, nachdem er plötzlich verstorben war, in Santa Maria Novella auch seine letzte Ruhestätte gefunden hat. Zwei Engel halten auf dem Wandgemälde die Ecken des Mantels, der dekorativ über die Schultern des Patriarchen hängt und ihm das Aussehen einer ehrwürdigen Fledermaus gibt.

Aber unfrommen Lärm und weltliches Treiben hat es hier eigentlich immer schon gegeben, seit im 11. Jahrhundert neben einem Oratorium, das mitten in den Weingärten weit außerhalb der damaligen Stadtmauer gelegen war und den schönen Namen Santa Maria delle Vigne getragen hat, auch eine Kirche errichtet wurde, die 1221 durch die Dominikaner unter dem bedeutenden Gelehrten Johannes von Salerno in Besitz genommen und im Jahre 1246 durch einen Neubau von einer bis dahin in Florenz unbekannten Größenordnung gleichsam bereichert wurde. Dazu muß man sich in Erinnerung rufen, daß 1221 sich auch die Franziskaner in einem damals noch sumpfigen Ufergrundstück des Arno festsetzten, der nachmaligen Stätte von Kloster, Kirche und Platz von Santa Croce, und das mag zweifellos der Anfang gewesen sein jener jahrhundertelangen erbitterten Konkurrenz zwischen Dominikanern und Franziskanern, die einander nicht nur durch die exzellente rhetorische Begabung einzelner Brüder, die als Prediger und Propagandisten ihres Ordens wirkten, sondern auch durch übersteigerte Prachtentfaltung ihrer Klöster und Kirchen ständig zu überbieten suchten. Dabei war es völlig gleichgültig, daß Santa Croce zur Hauskirche der aristokratischen Familien avancierte, während Santa Maria Novella dem Volk vorbehalten blieb, was allerdings auch eine unziemliche Verallgemeinerung ist, da die Dominikaner

Santa Croce, Hauptchorkapelle, Fresken von Agnolo Gaddi

IOHÃNES·ORICELLARIVS·PAV·F·AN·SAL·M

natürlich einige der führenden Familien der Stadt zu ihren bevorzugten Mäzenen zählen durften, so etwa die Strozzi und die Rucellai. Einen ersten Hinweis darauf finden wir, wenn wir die Schwelle vor dem Haupteingang näher betrachten. Bernardo Oricellario: In sorgfältig geschnittenen Bronzebuchstaben ist dieser Name hier in Porphyr eingebettet und erinnert an jenen Bernardo Rucellai, der während der sogenannten savonarolischen Republik hohe Regierungsämter bekleidete, sich als entschiedener Gegner der vertriebenen Medici zu profilieren suchte, in den Orti Oricellarii, also den „Gärten der Rucellai", die von Cosimo begründete platonische Akademie wiederaufleben ließ, die nunmehr allerdings mehr zu einer Heimstätte politischer Intrigen entartete. Dieser Bernardo Rucellai war reich, maßlos ehrgeizig und letztlich erfolglos. Denn jenes politische Amt, das ihn am meisten interessierte, nämlich die Position des Gonfalonier, des Staatskanzlers der Republik, blieb ihm versagt. Im übrigen war er der Sohn Giovanni di Paolo Rucellais, der sich um die Fertigstellung der Fassade von Santa Maria Novella große Verdienste gemacht hatte. Dazu wurde eine eigene Stiftung gegründet, in welche die Rucellai neben Bargeld auch Landhäuser und ausgedehnte Grundstücke einbrachten. In jenem 15. Jahrhundert, da dies alles geschah, genügte es nämlich nicht, als Mäzen lediglich einmal eine größere Summe zu stiften. Es mußte auch dafür gesorgt werden, daß das Geschaffene erhalten blieb. Und die Kosten dafür erreichten gelegentlich eine astronomische Größenordnung.

Im 13. Jahrhundert und ständig im Konkurrenzkampf zu den gleichfalls ehrgeizigen Franziskanern wachsen also Kloster und Kirche von Santa Maria Novella unaufhaltsam in die Höhe. Auch der große Platz vor der Kirche wird Ende des 13. Jahrhunderts abgesteckt. Und man mag sich unschwer vorstellen, wie die Späher des einen Ordens den Baufortschritt am Gotteshaus des anderen Ordens betrachteten; und natürlich umgekehrt. Die erbarmungslose Konkurrenz fand in zahllosen Polemiken ihren Niederschlag; allerdings auch in der Großartigkeit der beiden Kirchen.

Santa Maria Novella, Detail der Fassade

Eine Predigt aus dem Jahre 1414, die ein gewisser Simone gehalten hat, ein Dominikaner, der sich durch einen Hymnus auf Santa Maria Novella ins rechte Licht zu rücken suchte, gibt uns eine Vorstellung vom Reichtum, der Pracht und auch der Bedeutung dieses Klosters. Da heißt es unter anderem: „Das Gästehaus übertrifft alles, was ich bisher gesehen habe. Die Krankensäle mit ihrem eigenen Speisesaal und die Werkstätten zeigen die Schönheit unseres Klosters. Der Schlafsaal hat zwei Latrinen, welche gleichermaßen den unteren wie den oberen Schlafsaal versorgen . . . Zum Zweiten ist dieses Kloster wunderbar in der Kostbarkeit seines Schmuckes. Schwere Kelche mit figürlichem und ziseliertem Schmuck, glänzende Geschmeide, perlenbesetzte Gegenstände, heilige Reliquien, die mit Saphiren und anderen kostbaren Steinen gefaßt sind, gewirkte Teppiche, Fahnen für Prozessionen . . . all das macht die Kostbarkeit des Schmuckes für unser Kloster aus.“

Aber nicht nur Kloster und Kirche – die in den Jahren zwischen 1565 und 1572 nach Plänen Vasaris umfassend restauriert wurde –, sondern auch der spätestens seit dem ausgehenden 13. Jahrhundert in seiner heutigen Form existierende Platz waren ein ständiger Anlaß für immer neue und spektakuläre Ereignisse. Denn ähnlich wie die Piazza von Santa Croce diente auch die Piazza Santa Maria Novella volkstümlichen Belustigungen, dem Aufmarsch von Pilgern etwa oder großzügig dekorierten festlichen Veranstaltungen und sportlichen Ereignissen. Und war es vor der Kirche der Franziskaner ein Spiel, das dem heutigen Fußball in gewisser Hinsicht ähnlich gewesen sein mag, welches die Masse der Florentiner anlockte, so wurde die Piazza Santa Maria Novella als eine Art Rennbahn eingerichtet. Wahrscheinlich war es im Jahre 1540, daß Cosimo I., der in mancher Hinsicht das große Erbe der Medici erfolgreich fortzusetzen verstand, die Abhaltung von Wagenrennen anregte, wobei er als Siegespreis kostbares karmesinrotes Tuch aussetzte. Erst später wurden Geldpreise festgelegt. Damals markierten zwei hölzerne Säulen oder Obelisken den jeweiligen Wendepunkt dieser Rennen, die man sich freilich weniger als sportliches denn als gesellschaftliches Ereignis vorstellen sollte. 1608 ließ Herzog Ferdinand I. dann die beiden marmornen Obelisken errichten, die man heute noch sieht, und zwar auf je vier Bronzeschildkröten aus der Werkstatt des Giambologna.

Was übrigens die erstaunliche Größe des Platzes angeht, so sind dafür einige Beschlüsse der Florentiner Stadtverwaltung verantwortlich gewesen, die wiederum auf Anregungen einflußreicher Dominikaner erfolgten. Es ging ganz einfach darum, möglichst viel Raum zu schaffen für die Zuhörer jener Predigten, die von den berühmtesten Rednern des Ordens gehalten wurden, ein Umstand, den selbstverständlich auch die Franziskaner von Santa Croce für sich in Anspruch nahmen. Und manchmal kam es schon vor, daß auf der Piazza Santa Maria Novella gegen die Maßlosigkeit der Franziskaner gewettert wurde, während drüben auf der Piazza Santa Croce ein eifriger Franziskaner den Florentinern beredt die Prunksucht der Dominikaner erläuterte . . .

Eine ebenso farbige wie interessante Schilderung der Piazza Santa Maria Novella und der Wagenrennen kann man im Reisetagebuch Montaignes aus dem Jahre 1581 nachlesen. Da heißt es unter anderem: „Gegen den dreiundzwanzigsten Juni, am Vortage des Johannes-Festes, veranstaltete man das Wagenrennen auf einem großen und schönen Platz, dessen Länge größer als seine Breite ist, rings von ansehnlichen Häusern umstanden. An jedem Ende seiner Länge hatte man Obelisken . . . errichtet und zwischen diesen beiden ein langes Tau gespannt, um das Überqueren des Platzes zu verhindern . . . Die Balkons waren voll mit Damen, der Großherzog und die Herzogin samt dem Hofe hielten sich in einem der Paläste auf. Das Volk verteilte sich längs des Platzes und stand auf einer Art von Gerüsten . . . Am Start sah man fünf leere Wagen. Sie nahmen ihren Platz rein zufällig oder nach Ziehung eines Loses neben dem Obelisken ein . . . Auf einen Trompetenstoß hin fuhren die Wagen ab . . . Der Wert des Siegespreises betrug einhundert Taler. Dieses Schauspiel machte mir mehr Vergnügen als irgendein anderes, welches ich in Italien gesehen habe, wegen der Ähnlichkeit, welche ich an ihm mit den antiken Wagenrennen fand . . ."

Die heftige bis unerbittliche Konkurrenz zwischen Dominikanern und Franziskanern, die sich nicht in feindseligem Gegeneinander erschöpfte, sondern auch das lärmende Gezeter, die geifernde Wut in öffentlicher Predigt kannte, die nicht selten zur zornigen Anklage gegen den jeweils anderen Orden wurde, diese bis zur Maßlosigkeit übersteigerte Eifersucht, die man gegeneinander empfand . . . das war also die eigentliche Triebfeder für das Emporblühen sowohl von Santa Croce als auch von Santa Maria Novella. Dabei genossen die Dominikaner bald einen unschätzbaren Vorteil. Sie verfügten über mehr und die besseren Möglichkeiten, sich vor den Toren der Stadt und später auch noch innerhalb der allmählich anschwellenden Stadt auszubreiten, denn man darf nicht vergessen, daß einst das Gelände des heutigen Hauptbahnhofes großenteils Klosterboden war; und daß immer mehr vornehme Familien danach drängten, auf dem Friedhof der Dominikaner ihren Grabstein aufstellen zu dürfen. Es veränderte sich nun das Gewicht der Bedeutung, das den beiden Orten zukam. Die Dominikaner verfügten über die besseren, wortgewaltigeren, auch gefinkelten Prediger. Das zog die sogenannten Gebildeten an. Und allmählich fand ein sozialer Austausch statt zwischen Santa Croce und Santa Maria Novella. Die Wagenrennen rund um den Platz, die vor allem den vornehmen Familien und der Aristokratie als Amüsement dienen sollten, gaben letztlich wohl den Ausschlag. Natürlich auch der Umstand, daß zwei Päpste sich für längere Zeit in Santa Maria Novella einrichteten, wofür nicht zuletzt auch die Tatsache ausschlaggebend gewesen sein wird, daß man bei den Dominikanern vortrefflicher logierte und speiste als bei den Franziskanern, die nie vor peinlichen Rückfällen in die Prinzipien ihres ursprünglichen Armutsgelübdes gefeit waren.

Es war Martin V. der erste Pontifex, der bei den Dominikanern ausgiebig Station machte. Er blieb vom Februar 1419 bis zum Dezember 1420. Die Aufregungen und organisatorischen Schwierigkeiten, die seinetwegen entstanden, müssen beträchtlich gewesen sein. Martin, der in Santa Maria Novella jede nur erdenkliche und damals noch gar nicht übliche Bequemlichkeit genießen durfte, schied allerdings in Unfrieden von Florenz, woran nicht zuletzt die Medici mitschuldig waren, die dem unglücklichen Gegenpapst Johannes über dessen Tod hinaus die Treue zu halten versuchten, die man einem Freund gegenüber als selbstverständlich empfinden muß. Das änderte nichts daran, daß durch die verhältnismäßig lange Anwesenheit des Papstes bei den Dominikanern diese natürlich im allgemeinen Ansehen stiegen und daß die Investitionen, die man für den Hofstaat des Pontifex und diesen selbst tätigen mußte, mehr als gewinnbringend angelegt waren.

Martins Nachfolger, Eugen IV., Abkömmling eines alten und angesehenen venezianischen Geschlechtes, der in Rom mit eiserner Hand in Ordnung zu bringen versuchte, was seine Vorgänger an Unfrieden und Chaos angerichtet hatten, mußte seines Reformeifers wegen bald die Ewige Stadt fluchtartig verlassen. Im Juni des Jahres 1433 sah er sich genötigt, dem Druck der mächtigen Familie der Colonna zu weichen. Er ging nach Florenz, wo er mit offenen Armen aufgenommen wurde.

Eugen berief von Florenz aus ein Konzil zur Wiedervereinigung der byzantinischen und lateinischen Kirche ein, das im Spätwinter 1438 in Ferrara zu tagen begann, aber zuerst protokollarischer Schwierigkeiten wegen und dann, behindert auch noch durch Pest und Malaria, keine sonderlichen Fortschritte erzielte. Es waren vor allem die ängstlichen oder bloß mißtrauischen Griechen, die dringend eine Verlegung des Konzilsortes forderten, wobei man vermuten darf, daß dabei auch die Medici die Hand mit im Spiel gehabt haben. Denn es war diese Florentiner Bank, die den Griechen den Aufenthalt in Italien finanzierte; und da war es bloß naheliegend, daß man daraus gute Zinsen zu schlagen wünschte. Ein Konzil in Florenz und damit die Erhebung der Stadt zum Zentrum der abendländischen Welt, auch wenn diese Erhebung nur eine vorübergehende sein konnte, mußte das erstrebenswerte Ziel eines jeden Bankhauses und jeder städtischen Verwaltung sein. Dazu kam, daß die ehrgeizigen Dominikaner von Santa Maria Novella in dieser Frage als nützliche und ehrgeizige Verbündete auftraten. Es kam, wie es kommen mußte. Ende 1438 entschied sich Eugen IV. für die Verlegung des Konzils nach Florenz; im Februar 1439 konnte hier dann bereits eine erste vorbereitende Sitzung abgehalten werden.

Inhalte und Ergebnisse dieses Konzils, die uns heute möglicherweise nicht mehr sonderlich berühren, bewegten damals die ganze christliche Welt. Es ging, vereinfachend gesagt, um die Einigung darüber, daß die griechische wie die lateinische Lehre dieselbe sei, nur auf unterschiedliche Weise formuliert. Die öffentliche Verlesung des diesbezüglichen Dekretes am 5. Juli 1439 im Dom von Florenz wurde zu einem spektakulären Ereignis, worüber uns ein Augenzeuge namens Vespasiano dei Bisticci einen ausführlichen Bericht hinterlassen hat. „Aus aller Welt war man nach Florenz gekommen, um dieser feierlichen Handlung beizuwohnen. Der Stuhl, dem päpstlichen Thron gegenüber, war mit schwerem Seidenstoff überdeckt. Der Kaiser aus Byzanz in reichem griechischem Gewand von Brokatdamast mit einem Hütchen, dessen Spitze ein großer Edelstein zierte. Er war ein sehr schöner Mann mit einem Bart nach griechischer Sitte; um seinen Sitz viele edle Männer in reichster griechischer Kleidung, die Gewänder von würdigem Schnitt, sowohl bei den Geistlichen wie bei den Laien. Es war wunderbar, die feierliche Handlung zu sehen und zu hören, wie das Evangelium in beiden Sprachen gelesen wurde. Und die Tiara des Papstes war ein Wunderwerk der Goldschmiedekunst." Dieses Prachtstück kam aus der Werkstatt des Meisters Ghiberti, des Schöpfers der sogenannten Paradiestür am Baptisterium. Die Tiara soll rund fünfzehn Pfund an reinem Gold enthalten haben, dazu noch einmal fünfeinhalb Pfund an Edelsteinen, und die Florentiner Goldschmiede schätzten die Kosten auf fast vierzigtausend Dukaten.

Irgendeinen Hinweis darüber, wer die Kosten dafür übernommen hatte, gibt es allerdings nicht. Wahrscheinlich ist auch hier wieder das Bankhaus der Medici helfend eingesprungen.

Eine wichtige Persönlichkeit dieses Konzils war allerdings kurz vor dieser feierlichen Zeremonie verstorben. Es war dies der Patriarch Joseph II. von Konstantinopel, dessen Porträt über seinem Grab in der Dominikanerkirche, wie schon erzählt, ein wenig an eine Fledermaus erinnert. Übrigens soll die heutige Stelle seines Grabmals nicht mit der ursprünglichen identisch sein. Angeblich wurden die Gebeine des damals hochberühmten byzantinischen Kirchenmannes im Jahre 1590 aus Gründen, die wir nicht mehr kennen, umgebettet. Er selbst ist längst in Vergessenheit geraten, obgleich er zu Lebzeiten einer der entscheidenden Gegenspieler der römischen Kirche gewesen ist.

Glanz und Ende eines Geschlechts

In Florenz besitzt alles, was heute fast schon legendär anmutet, einen realistischen Hintergrund. Der Vater jener Beatrice, die durch Dante unsterblich gemacht wurde, ein gewisser Folco Portinari, besaß an der Via del Corso einige Häuser. Über den Corso führte im ausgehenden Mittelalter und dann noch bis ins 16. Jahrhundert ein Rennen mit wilden Pferden, die reiterlos dahinjagten, was den berühmten Reisenden und Tagebuchschreiber Montaigne zur maliziösen Anmerkung animierte, daß dies alles wenig erfreulich sei, weil man nichts anderes zu sehen bekomme als dahinrasende Pferde. Dante, im Frühjahr 1265 mitten im alten Stadtzentrum zur Welt gekommen, „in den engen Gassen zwischen der Via Calzaiuoli und der Via del Proconsolo“, entstammte einer eher mäßig begüterten Kleinadelsfamilie, den Alighieri, obgleich sein Vater ein Geldverleiher gewesen sein dürfte und jedenfalls mit Zinswucher Geld gemacht hatte. Das, was heute den Besuchern als Dantes Geburtshaus gezeigt wird, ist ein dem mittelalterlichen Haustyp nicht ungeschickt nachempfundenes Modell aus dem Jahre 1910. Nicht weit davon entfernt – in Florenz gibt es kaum nennenswerte Distanzen zwischen den einzelnen Sehenswürdigkeiten und bemerkenswerten Schauplätzen – befindet sich der Bargello, der 1250 als eine Art Symbol des Sieges des Bürgertums über den Adel errichtet wurde, später zum Sitz des Bürgermeisters – damals auch Palazzo del Podestà genannt – und erst seit der zweiten Hälfte des 16. Jahrhunderts als Bargello bekannt wurde, nachdem die florentinischen Gerichtsbehörden davon Besitz ergriffen hatten. In der Renaissance wurde das machtvolle Bauwerk mit seinem charakteristischen Turm zum Teil in einen furchteinflößenden Kerker umgewandelt. Allerdings waren bereits Jahrhunderte zuvor Kriegsgefangene der Signoria die ersten Häftlinge gewesen. 1786 dann ließ Großherzog Peter Leopold, der für die Toskana auch die Todesstrafe abgeschafft hatte, alle Folterwerkzeuge im Hof des Bargello öffentlich verbrennen. 1858 wurde auch das Gefängnis verlegt und der Bargello selbst nach langjähriger und kostspieliger Restaurierung in ein Museum umgewandelt, an dem freilich immer wieder umständliche Renovierungsarbeiten durchgeführt werden müssen, was dann die Schließung der interessanten Schauräume zur Folge hat.

Das Baptisterium, „Il Bell'San Giovanni", wie die Florentiner die Taufkirche liebevoll bezeichnen, war jenes Gebäude, nach welchem Dante während der Zeit seines langen Exils die größte Sehnsucht empfand. Er nannte es „L'ovile di San Giovanni", die Lämmerhürde. Zweifellos hat eine Taufkirche lange vor dem Dom existiert, wobei man als Standort einen spätantiken Friedhof wählte, was durch archäologische Grabungen gerade erst wieder in der jüngsten Vergangenheit bestätigt wurde. Was die unvergleichlichen Bronzetüren des Baptisteriums und deren kunstvolle Bearbeitung angeht, so gibt es in Giovanni Villani einen gewissenhaften Augenzeugen des ersten Abschnitts dieser Arbeiten. „Im Jahre 1330 begann man die metallenen Türen von San Giovanni zu machen", schrieb Villani in seiner Chronik. „Sehr schön und von staunenswerter Arbeit und Kosten; sie wurden in Erde geformt und dann gereinigt und die Figuren vergoldet, alles durch einen Meister Andrea Pisano. Sie wurden im Feuer gegossen durch venezianische Meister. Und ich, der Autor, war beamtet, dieses Werk durchzuführen für die Zunft der Kaufleute der Calimala . . ."

Siebzig Jahre später schrieb die „Arte di Calimala" einen Wettbewerb für weitere Bronzetüren aus, welche auch die zweite Pforte zum Baptisterium schmücken sollten. Diesen Wettbewerb gewann der Bildhauer Lorenzo Ghiberti, der uns in seinem Tagebuch umfassend über die Modalitäten dieses Schauspiels unterrichtet. „Die Preisrichter waren hochgeübte Männer: Maler, Bildhauer, Gold- und Silberschmiede. Aus der Stadt und der Umgebung waren 34 Richter aufgestellt. Man beschloß, mir den Auftrag zur Herstellung der Bronzepforten zu geben. Diesen Auftrag habe ich mit großer Sorgfalt ausgeführt. Das ist meine erste Arbeit. Die Türe samt dem Rahmen kostete 22.000 Gulden . . . Das Ganze wog 34.000 Pfund . . ."

Diese zweite Pforte wurde erst im Jahre 1424 fertiggestellt, was bedeutet, daß Lorenzo Ghiberti dreiundzwanzig Jahre lang damit beschäftigt war, diese zweite Eingangstür zu gestalten.

Ghiberti erhielt später auch noch einen dritten Auftrag für die Ausgestaltung der Pforten am Baptisterium, wobei ihm jetzt entgegen früherer Auflagen vollkommen freie Hand gelassen wurde. Lediglich das inhaltliche Programm der Bilderzählungen wurde vom damaligen Vorstand der Stadtkanzlei, dem Humanisten Leonardo Bruni, entworfen. In seinen „Commentarii" schreibt Ghiberti: „Ich erhielt den Auftrag, die andere Pforte, das heißt die dritte, für San Giovanni auszuführen. Die Kommission gab mir freie Hand, sie in jeder Weise auszuführen, welche die größte Vollendung, die größte Schmuckhaftigkeit und den größten Reichtum garantieren würde . . ."

Die Bronzetüren Ghibertis haben über die Jahrhunderte hinweg nichts an ihrer ästhetischen Vollkommenheit und ihrer bildhaften Ausdrucksstärke eingebüßt. Übrigens soll Brunelleschi, nachdem er bei einem der Wettbewerbe um die Ausgestaltung der Pforten zum Baptisterium gegen Ghiberti verloren hatte, beschlossen haben, mit der Bildhauerei aufzuhören. Seine Arbeit, die er für diesen Wettbewerb eingereicht hatte, soll er Cosimo de'Medici geschenkt haben. Und der Kunsthistoriker und Maler Vasari erzählte einmal die hübsche Anekdote, daß Michelangelo lange und nachdenklich die Pforten betrachtet und dann gesagt habe: „Sie sind so schön, daß sie als Pforten des Paradieses gute Figur machen würden." In diesem Zusammenhang sollte man allerdings daran erinnern, daß Ghiberti während seiner jahrzehntelangen Arbeit für das Baptisterium hervorragende Mitarbeiter gehabt hat, darunter Benozzo Gozzoli, den jungen Uccello und den am Beginn seiner Karriere stehenden Michelozzo.

Gozzoli war übrigens ein intimer Freund Piero de'Medicis, wie überhaupt die Freundschaft zwischen Künstlern und Bankherren und Politikern einst ein besonderes Merkmal des geistigen Klimas in Florenz gewesen ist. Es war keinesfalls ungewöhnlich, daß während der Herrschaft eines Cosimo des Älteren, eines Piero des Gichtigen oder eines Lorenzo des Prächtigen Künstler und Bildhauer gemeinsam mit den Medici in deren Palast an der Via Larga speisten oder sich zu hitzigen Diskussionen über das Wesen der Kunst zusammenfanden. Einem eher anrüchigen Charakter wie Filippo Lippi, dessen Lebenswandel die Ursache vieler Skandale war, wurde im Palast der Medici ein Arbeitsraum zur Verfügung gestellt. Cosimo der Ältere soll den Maler, der keine besondere Neigung zeigte, vor der Staffelei auszuharren, einmal sogar in diesem Arbeitsraum eingesperrt haben. Aber Filippo Lippi zerschnitt ein Leintuch und ließ sich am zusammengeknoteten Laken beim Fenster hinabgleiten. Michelozzo wiederum war mit Cosimo so innig befreundet, daß er diesem, als Cosimo vorübergehend in die Verbannung geschickt wurde, ohne Bedenken nacheilte und mit ihm die Zeit des Exils teilte. Auch von Donatello wird berichtet, daß er Cosimo bedingungslos ergeben gewesen sei. „Hier hatten sich zwei wirkliche Gegensätze angezogen: der millionenschwere Bankier Cosimo und das Genie Donatello, das überhaupt keinen Sinn für Geld hatte und seine Geldstücke in einem Korb unter der Decke aufbewahrte, aus dem sich jeder Bedürftige bedienen konnte. Von Donatellos schäbiger Kleidung bestürzt, schenkte ihm Cosimo einmal einen roten kostbaren Mantel, aber der Künstler gab ihn wieder zurück . . . er sei ihm zu herrschaftlich. Auf dem Totenbett vertraute Cosimo den fast achtzigjährigen Donatello der Obhut seines Sohnes und Nachfolgers Pieros des Gichtigen an . . .“ (H. V. Morton). Und es war wohl nur folgerichtig, daß Donatello nach seinem Tod im Sarkophag seines Freundes in der Kirche von San Lorenzo seine letzte Ruhestätte fand.

Von den späteren Medici konnte nur noch Herzog Cosimo I. etwas von diesem einmaligen Verhältnis zwischen Kunst und Macht aufrecht erhalten. Bereits sein Sohn Franz, der sich als Amateurchemiker versuchte, hatte mit den schönen Künsten und mit den Künstlern nichts mehr im Sinn. Dafür vermählte er sich in zweiter Ehe mit einer venezianischen Schönheit, die zuvor mit einem Bankangestellten durchgebrannt war, was sie nicht daran gehindert hatte, die Geliebte des Großherzogs zu werden. Erst der dritte der mediceischen Herzöge, nämlich Ferdinand, der zuvor Kardinal gewesen war, interessierte sich wieder für die Kunst – weniger jedoch für die Künstler –, ohne daß dies zu seiner eigentlichen Passion werden konnte. Das war zweifellos Ferdinands Beschäftigung mit Livorno, das er zu einem wichtigen Hafen ausbauen ließ.

Sein Sohn und Nachfolger Cosimo II. machte sich vor allem dadurch einen Namen, daß er, zumindest vorübergehend, als Beschützer Galileis auftrat, den er als Hofmathematiker nach Florenz geholt hatte. Galilei bedankte sich dafür auf wahrhaft fürstliche Weise. Er nannte jene vier Monde des Jupiter, die er als erster Mensch gesehen hatte, „Mediceische Gestirne". Ein anderer Medici, nämlich Cosimo III., der immerhin dreiundfünfzig Jahre lang regieren sollte, machte sich durch nichts anderes als durch maßlos übertriebenen Pietismus und dann auch noch durch eine einzige literarische Veröffentlichung berühmt. Er schrieb ein Vorwort für ein Buch, das eine seiner vielen Reisen zum Thema hatte. Dieses Vorwort befaßte sich in der Hauptsache mit den lästigen Fehlern und unangenehmen Eigenschaften der Ehefrau Cosimos III., einer französischen Prinzessin, die allerdings tatsächlich ein unleidlicher Charakter gewesen sein dürfte.

Cosimo III. starb 1723. Sein älterer Sohn Ferdinand, in den ganz allgemein große Hoffnungen gesetzt wurden, war vor ihm gestorben. Gian Gastone, der jüngere Sohn, ein Mann von zweiundfünfzig Jahren, über dessen Ausschweifungen nicht nur Florenz die Nase rümpfte, sollte nun zum letzten männlichen Erben der Medici werden. Sein eigentliches Unglück, wenn man von gewissen Neigungen absieht, die ihm angeboren waren, bestand möglicherweise darin, daß er eine ungeliebte Frau, eine Herzoginwitwe von Sachsen-Lauenburg, hatte ehelichen müssen, eine Person von gewaltigem Körperumfang und einem mehr als fragwürdigen Charakter. „Die häßliche Schloßherrin redete ohne Unterlaß", schreibt der Biograf der Medici, James Cleugh. „Sie kommandierte ihren Mann herum, mal mit Flüchen, mal mit Tränen, oder sie beging kleine Betrügereien, und das nur zu ihrem Vergnügen. Die jüngste Braut der Medici stammte zwar aus einem regierenden Haus, aber sie war eine richtige Bäuerin und konnte einen Städter wie Gian Gastone nur zutiefst anwidern. Verwirrt nahm ihr Gemahl Beziehungen zu einem Lakaien auf, Giulio Dami, der zu seinem florentinischen Gefolge gehörte und ebenso hübsch wie skrupellos war."

Montesquieu, einer der großen französischen Schriftsteller des 18. Jahrhunderts, notierte anläßlich eines Besuches in Florenz im Jahre 1728: „Es gibt keine Stadt, wo die Menschen in weniger Luxus leben als in Florenz. Mit einer Blendlaterne für die Nacht und mit einem Schirm für den Regen besitzt man alles, was man braucht. Die Straßen sind mit breiten Steinen so gut gepflastert, daß man sehr bequem zu Fuß gehen kann. Der Premierminister des Großherzogs saß in seiner Eingangstür und baumelte mit den Beinen . . . Als ich mit meiner kleinen Lampe und meinem Schirm ausging, dachte ich mir, daß auch die alten Medici das Haus eines Nachbarn in dieser Weise verlassen haben müssen. Florenz wird sehr sanft regiert. Niemand kennt den Prinzen und seinen Hof, und niemand nimmt von ihnen Notiz. So entsteht der Eindruck, als sei dieses kleine Land in Wirklichkeit ein großes."

Montesquieu unterlag freilich einem Irrtum, wenn er meinte, daß niemand in Florenz von Gian Gastone de'Medici Notiz genommen habe. Es waren eher Scham und verzweifelte Hoffnungslosigkeit, welche die Florentiner so agieren ließen, als kümmerten sie sich um die Vorgänge im Palazzo Pitti nicht, wo Gian Gastone gemeinsam mit Prostituierten und Lustknaben ausgelassene Feste feierte, die sich nicht selten zu wüsten Orgien steigerten. Er verließ oft monatelang seinen Palast und sein Bett nicht und umgab sich mit Menschen, die man nicht anders als den Abschaum von Florenz bezeichnen kann. „Der Großherzog interessierte sich nicht für die gekünstelten Possen der vornehmen Leute. Er fühlte sich bei Gaunern und Gesindel viel wohler, wo Flaschen und Gläser herumflogen, wo beim Küssen Blut floß und man in einer Umarmung leicht erwürgt werden konnte. Ein- oder zweimal wäre Gian Gastone in einem solchen mörderischen Tumult fast ernsthaft verletzt, wenn nicht gar getötet worden, hätten seine Wachen nicht eingegriffen." (J. Cleugh)

Und doch hatte dieser orgiastische Trunkenbold alle Steuern, die von seinen Vorgängern eingeführt worden waren, drastisch herabgesetzt, den Armen nach Möglichkeit Arbeit verschafft und die von Cosimo III. ermöglichte oder sogar begünstigte verhängnisvolle Vorherrschaft der Kirche in seinem Herzogtum zurückgedrängt. 1737 starb er, unbeweint vom Volk, verachtet von der Aristokratie, ein ganz und gar verkommener und aller Würde beraubter Trunkenbold, mit dessen Tod das Geschlecht der Medici ein ruhmloses Ende fand. Einer seiner letzten Besucher, ein österreichischer Prinz, notierte: „Ich fand diesen Fürsten in einer erbarmungswürdigen Lage. Er konnte sein Bett nicht mehr verlassen. Sein Bart war lang, seine Bettücher und seine Wäsche waren verschmutzt. Sein Augenlicht war trüb und geschwächt, seine Stimme leise und stockend . . ."

Aber man muß auch diesem letzten männlichen Medici Gerechtigkeit widerfahren lassen. Denn Gian Gastone hatte, bevor er von seinen schrecklichen Ausschweifungen völlig zerstört wurde, viele intellektuelle Bestrebungen gefördert, die unter seinen bigotten Vorgängern unterdrückt worden waren. Er hatte auch die Diskriminierung und Verfolgung der Juden in Florenz und in der Toskana, zu der sich sein Vater, beeinflußt vom judenfeindlichen Klerus der katholischen Kirche, hatte hinreißen lassen, durch ein Edikt zwei Jahre vor seinem Tod beendet. Und die Staatsverschuldung, die noch bei seinem Amtsantritt eine schwindelerregende Höhe erreicht gehabt hatte, bekämpfte er mit durchaus wirksamen Methoden. Vor allem aber sorgte er für eine Besserstellung des Mittelstandes, der Handwerker und kleinen Händler, die wie stets das Rückgrat des Wohlstandes in Florenz bilden sollten. So überrascht es nicht weiter, wenn wir bloß zwei Jahre nach dem Tod dieses seltsamen und widerspruchsvollen Großherzogs bei einem französischen Gelehrten namens Charles de Brosses nachlesen müssen, daß die Toskaner zwei Drittel ihres Besitzes opfern würden, um die Wiederkehr der Medici zu bewirken, während über die nunmehr regierenden Lothringer ein vernichtendes Urteil abgegeben wurde. „In Florenz haßt man sie“, schreibt unser französischer Gewährsmann. „Und die Lothringer hassen die Florentiner, mißbrauchen sie und, was noch schlimmer ist, verachten sie auch.“

Man mag es als eine merkwürdige Laune des Schicksals betrachten, daß gerade die beiden letzten regierenden Medici, also Cosimo III. und Gian Gastone, all das noch einmal wiederaufleben ließen, was an den verschiedenen Repräsentanten dieses Geschlechtes einst so großartig und erniedrigend, begeisternd und bedrückend gewesen war. Cosimo III., der länger als jeder andere Medici an der Macht gewesen war, richtete Florenz fast zugrunde, was merkwürdigerweise nichts daran zu ändern vermochte, daß ihn die meisten seiner eigenen Untertanen als den Inbegriff eines tugendhaften und bewunderungswürdigen Souverän betrachteten. Gian Gastone, den fast alle verachteten und der in der Tat allen jeden Anlaß bot, um verachtet zu werden, hätte seiner Veranlagungen und seiner politischen Begabung nach ein Herrscher modernen Zuschnitts werden können. In den wenigen kurzen Pausen zwischen seinen Orgien nahm er jedenfalls die Regierungsgeschäfte auf eine Weise in die Hand, die zu den schönsten Hoffnungen berechtigt hätte, wenn er ein anderer Charakter gewesen wäre. Und nie sollte sich die allgemein verbindliche Meinung von Florenz als einer glanzvollen Stadt, die allerdings immer von etwas Rätselvollem begleitet sei, unmißverständlicher bewahrheiten als in diesen Jahren des Niedergangs und des langsamen, schmachvollen Erlöschens der Medici.

Es ist zum Beispiel eine beklemmende Erfahrung, im längst vergessenen Buch eines Briten, nämlich Harold Actons Biografie „Der letzte Medici“, den endgültigen Untergang dieser unvergleichlichen Familie noch einmal miterleben zu müssen und sich dabei vorzustellen, auf welches Erbe der Letzte der Medici zurückblicken durfte. Harold Acton jedenfalls liefert uns einen genauen Bericht über den allerletzten öffentlichen Auftritt Gian Gastones: „Man würde besser verschweigen, wie der betrunkene Großherzog im Staatsornat durch die Straßen von Florenz gefahren wurde, sich ab und zu aus dem Fenster seiner Kutsche übergab, während die Menge sich verbeugte, niederkniete oder die Köpfe entblößte. War dieser aufgedunsene, degenerierte Trinker der letzte männliche Nachkomme einer Familie, die einst höchste menschliche Kultur verkörpert hatte? Am Pratotor half man ihm auf die Terrasse, von der die Großherzöge das jährliche Rennen der Berberpferde beobachtet hatten. Die beschämten Höflinge hielten sich so weit wie möglich außerhalb seiner Reichweite, aber Gian Gastone schien sich trotz seines unentwegten Speiens zu vergnügen. Er rülpste groteske Bemerkungen zu den Pagen und Hofdamen. Dann fiel er plötzlich in einen dumpfen Schlaf. Seine Diener verfrachteten ihn in eine Sänfte und trugen ihn zum Pittipalast zurück. Dort blieb er liegen."

Seine Schwester und eigentliche Erbin, die Großherzogin Anna Maria, wurde nach dem Tod des Großherzogs von den europäischen Großmächten – „die wie Aasgeier auf die toskanische Nachfolge gelauert hatten" (H. V. Morton) – schamlos um ihr Erbe betrogen. Es traten nämlich nunmehr die von allen Florentinern verhaßten Lothringer in Erscheinung, während Anna Maria weiter in ihren Räumen im Palazzo Pitti lebte und „mit ausdruckslosem Gesicht die Horde der vulgären und ungebildeten Lothringer beobachtete, die jetzt in der Toskana regierten." (H. V. Morton)

Der Reichtum dieser Frau war legendär. Er stützte sich vor allem auf die riesigen Kunstsammlungen, welche die verschiedenen Medici im Verlauf der Jahrhunderte zusammengetragen hatten. Und es war dann diese von der Welt vergessene und in völliger Abgeschiedenheit lebende Frau, welche durch ihr Testament noch einmal dem Namen der Medici alle Ehre machte. Anna Maria verfügte nämlich, daß diese wohl wertvollste Kunstsammlung der Welt „Florenz niemals verlassen darf und den Besuchern aller Nationen stets frei zugänglich gemacht wer-

den muß“, was nichts anderes bedeutete, als daß Florenz erst dadurch und jetzt endgültig den Rang einer großen Kunststadt für sich in Anspruch nehmen durfte.

Aber während man heute noch gelegentlich eine verächtliche Bemerkung über Gian Gastone hören kann, ist diese letzte Entscheidung seiner Schwester Anna Maria den nachfolgenden Generationen anscheinend nicht mehr geläufig. Und man wird in Florenz vergeblich nach einem Denkmal, nach einer Skulptur oder nach irgendeinem anderen Zeichen der Dankbarkeit für Anna Maria Ausschau halten.

Straße der Hügel

Florenz sei nicht wirklich eine Stadt, sondern ein Kunstwerk; oder eher noch ein riesiger, schöner Park, der ein steinernes Herz besitze. Und ohne seine Landschaft sei Florenz lediglich ein großes Museum, darin man Paläste und Plätze, Kirchen und Türme bewundern könne, ohne jedoch mehr zu entdecken als das, was ein solches Prunkbuch der Geschichte zu erzählen imstande sei.

So oder doch so ähnlich lautet die übereinstimmende Meinung der Poeten, die seit Generationen nicht müde werden, das Geheimnis des Zaubers zu lösen, das diese Stadt umgibt. Hippolyte Taine meinte einmal, daß die dunkle Traurigkeit des Mittelalters nur leicht über Florenz hinweggeglitten wäre. Und er begründete diese Feststellung, gegen die man allerdings einiges einwenden könnte, mit einer schönen Darstellung der Landschaft, die Florenz umringt. „In der Ferne sieht man grünende Bäume, eine sanfte Landschaft . . . noch ferner runde Höhen und Hügel, und dahinter ein Amphitheater aus starren Felsen. Florenz steht in einem Bergbecken wie ein Kunstwerk in der Mitte eines großen Springbrunnenbeckens, und im Abendlicht versilbern Stahltöne seine steinerne Umrandung. Das sprießende Grün und die zarte Farbe der fernen Pappeln schaukeln mit sanftem Zauber vor dem Blau der Berge. Ein Hochwald und dichte, immergrüne Hecken schützen vor dem Nordwind. Der Azur des Himmels leuchtet herrlich zwischen den knospenden Zweigen der Buchen, auf dem blassen Laub der immergrünen Eichen und auf den bläulichen Nadeln der Pinien. Lorbeerbäume erheben, zart wie auf einem Gemälde, ihre ernsten Wipfel über den Fluß, und der Arno treibt, ruhig fließend, in die Röte des Sonnenuntergangs seine glänzenden Fluten."

Das ist eine Ansicht, die vor mehr als einem Jahrhundert noch ihre Richtigkeit gehabt haben mag. Das sind Bilder, die ein Florenz und seine nahe Umgebung beschreiben, etwas also, das heute nur noch dann in dieser stimmungsvollen und abgerundeten Form existiert, wenn man nicht zu dicht an die Wirklichkeit herantritt oder wenn man diese Wirklichkeit nur wie unter einem Brennglas zu sehen fähig ist, das alles Schmutzige, Verdorbene, Verschandelte hinwegtilgt. Florenz, das noch in jedem Jahrhundert neben unvergänglichen Meisterwerken der Kunst auch schlimme Wunden empfangen hat und diese Wunden, von denen viele zu wulstigen Narben geworden sind, mühselig mit sich schleppen muß, Florenz ist, man muß es wiederholen, voller Widersprüche. Es gibt den Poeten recht, die seine Schönheit preisen; und es entspricht auch dem, was seine unbarmherzigsten Kritiker von ihm sagen: daß es seine ehemals stolze Schönheit vergeude; daß es Gefahr laufe, so schmutzig und auf eine fragwürdige Weise pittoresk zu werden, wie das bei einigen ebenso berühmten wie heute längst herabgewohnten und verdorbenen süditalienischen Städten der Fall ist; und daß es sich daran gewöhnt habe, mit Bausünden zu leben, die unverzeihlich sind in einer Stadt, in der einst einige der bedeutendsten europäischen Baumeister wirkten.

Alles trifft zu, was man über Florenz sagt. Die Bewunderung. Und der zuerst zögernde, dann überraschte und zuletzt kritische Blick, mit dem man den Niedergang einer großen Kunststadt entdeckt. Und natürlich das uneingeschränkte Lob, die Begeisterung, die Ergriffenheit angesichts einer nahezu beispiellosen Durchtränkung städtischer Architektur mit Landschaft. Taines Beschreibung hat in diesem Sinne also auch zwei Menschenalter später nichts von ihrer poetischen Wahrhaftigkeit eingebüßt, wenn man sie mit der Erzählung eines Kasimir Edschmid vergleicht, die dieser in den fünfziger Jahren unseres Jahrhunderts über die landschaftlichen Besonderheiten von Florenz ablieferte. „Hier glüht im Oktober die Farbe der Feigenblätter und des Mais wie Platin und Messing, hier flammt in der Novembersonne, die mild ist wie das Licht des Mai, die Purpurwelle von Rebe und Linde, Birne und Silberpappel noch einmal auf . . . und dann erhebt sich im Dezember die Landschaft wieder immergrün und ruhig mit Lorbeer und Oliven, Zypressen und Pinien hoheitsvoll über den Sturm des Vergehens. Aber immer noch blühen dann die Rosen, immer noch strecken Dahlien und Astern ihre medusenschönen Häupter nach der Sonne, immer noch glühen die goldenen Früchte der Zitronen, und vor den Taxushecken erscheinen in Schlachtordnung gegen den Winter ausgerichtet die Heere der Chrysanthemen. Korallenrot schimmern die Granatäpfel, pflaumenblau die Oliven. Überfluß herrscht und Ordnung, Sorgfalt und Harmonie. Gelassen geht die Landschaft ihren Weg von Jahreszeit zu Jahreszeit."

Und wieder, um den Nachweis für das Vorhandensein von Idyllen rund um dieses steinerne Prunkbuch der Geschichte zu erbringen, wird der Weg notwendig hinauf nach San Miniato mit seiner grünweißen Fassade und dem golddurchwirkten Christus hoch oberhalb des Hauptportals, der mit strenger Gebärde auf Florenz weist, das unten im dunstigen Talkessel liegt mit diesen charakteristischen Zeichen, die man nicht mehr aus dem Sinn bekommt: Dom und Kuppel und Palazzo Vecchio und Santa Croce und im Vordergrund der dunkelbraune Akzent der Stadtmauer mitten im hellen Grün der vom linken Arnoufer emporsteigenden Hügel. Und in der Kirche von San Miniato immer noch die feierlichen Bilderzählungen an den hellgrauen, marmorfarbenen Wänden; und dieser sich entsetzlich krümmende, schmerzgepeinigte Christus, der wölfisch in seinem dürftigen Sarg in der Sakristei die Zähne fletscht, in dieser kostbaren Sakristei, wo auf sorgfältig gemalten Fresken Mönche einander unbarmherzig geißeln, bis ein schwarzgefärbter Teufel aus ihnen ausfährt. Und über dem Hauptaltar des lang hingestreckten Kirchenschiffes der Weltenherrscher. Unverkennbar der byzantinische Schnitt seines Antlitzes. Und unverlierbar die Erinnerungen, die mit allen diesen Bildern, Reliquien, Grabsteinen verbunden sind. Das florentinische Prunkbuch der Geschichte erfährt hier eine feierliche und freilich auch farbenfrohe Wiederholung und Erhöhung.

Draußen dann der Blick von unveränderlicher Schönheit, weil die Inhalte dessen, was man erkennt, unveränderlich sind. Nur der Einfall des Lichtes wechselt. Manchmal Dunst oder auch Nebel über der Stadt. Manchmal Wolken, die schwer auf den ziegelfarbenen Dächern liegen. Und die pigmentierten Festungsmauern von San Miniato, die aussehen wie die fleckig gewordene Haut eines Greises und über die besitzergreifend der Efeu kriecht, erinnern an Machiavelli und Michelangelo, die beide nacheinander für den Ausbau der städtischen Befestigungen verantwortlich gewesen sind, ohne daß sie an der eklatanten Unfähigkeit dieser Stadt, sich auch militärisch behaupten zu können, irgend etwas verändert haben würden.

Wenn man von San Miniato aus weiter nach Süden fährt, immer der rollenden Bewegung der Hügel folgend, bis man auf die alte Via Cassia gelangt, die schmal und kurvenreich in Richtung Siena zielt, ohne diese alte Rivalin von Florenz freilich zu berühren, dann wird man auch nach San Casciano kommen, einer alten Stadt im Süden von Florenz, nicht mehr als zehn Autominuten von der Porta Romana entfernt. Und von San Casciano sind es wiederum nur einige Augenblicke, bis man – jetzt wieder zurückfahrend in Richtung Florenz auf einer dieser schmalen Landstraßen, die wie schartige Messerschnitte durch die Weinreben, Ölbaumhaine, Zypressen und Pinien schneiden – Sant'Andrea in Percassina erreicht. Das sind einige alte Häuser auf einem schmalen Hügelrücken, umstanden von den unvermeidlichen Weingärten, Ölbäumen, Zypressen und Platanen dieser Landschaft, die von herber und vielleicht gerade deshalb unendlich berührender Schönheit ist. Und hier erhebt sich auch das rostbraun gefleckte Gemäuer des ehemaligen Landgutes Machiavellis, wo dieser in der erbarmungswürdigen Zeit seiner Verbannung seine galligen, bitterbösen Komödien und einige seiner theoretischen Abhandlungen schrieb, wenn er nicht hinüber nach San Casciano ritt, um in einem Einkehrgasthof mit den Bauern und Fuhrleuten Karten zu spielen und den schweren, fast erdfarbenen Wein dieser Gegend zu trinken.

Manchmal, wenn die strenge Form der Verbannung vorübergehend etwas gelockert wurde und die Florentiner Behörden Machiavelli, der auf seinem Landsitz in Sant'Andrea in Percassina auch mit materiellen Schwierigkeiten zu kämpfen hatte, einige Aufträge zukommen ließen, bei denen es in der Hauptsache um die Eintreibung von Außenständen ging, manchmal ritt der Verfemte und Gedemütigte über die Via Cassia hinein nach Florenz, das ihm so viel zu verdanken hatte und dessen Dankbarkeit tatsächlich schnöde und erniedrigend war. Immer aber konnte Machiavelli, wenn er von seinem Landhaus nur ein paar Schritte in nördlicher Richtung ging, Brunelleschis Domkuppel erkennen, die damals, als Machiavelli hier in der Verbannung lebte, gerade seit einem halben Menschenalter fertiggestellt war. Und vorstellen mag man sich, wie der gewesene Staatssekretär, der jahrelang die Außenpolitik der Republik bestimmt hatte und der viel mehr als nur ein pflichtbewußter Diener des Staates gewesen war, mit melancholischem Blick das Bild in der Tiefe betrachtet haben wird; der Dom, erkennbar durch den Ballon der gewaltigen Kuppel, mag ihm dabei als wichtigster Anhaltspunkt gedient haben. Und ein Gefühl, das sich aus Sentimentalität und Zorn zusammengesetzt haben könnte, wird den einsamen Mann auf der windumrauschten Landstraße bewegt haben.

Es sei nicht immer ganz einfach, das tiefverwurzelte Mißtrauen und den Sarkasmus der Florentiner zu besiegen, die sich stets damit rechtfertigten, daß sie die Erben einer ruhmreichen Kultur seien, schrieb einmal Luciano Berti, damals ranghöchster Beamter in der Verwaltung der florentinischen Kunstschätze. Berti spielte dabei auf jene großartige Henry-Moore-Ausstellung auf dem weitläufigen Gelände der Festung des Belvedere an, die 1972 zwar Besucherrekorde, aber auch einen Rekord an ablehnenden Protesten in den Lokalzeitungen verursachte. Vielleicht hätte man damals – und bei gewissen Gelegenheiten sollte man das wohl auch heute tun – den Kritikern in Erinnerung bringen sollen, daß viele der Schöpfer jener Kunstwerke, die den Florentinern selbst heute einen etwas eigenartig anmutenden Hochmut gegenüber den schöpferischen Hervorbringungen anderer und vor allem nicht aus Florenz stammender Künstler erlauben, keinesfalls an den Ufern des Arno das Licht der Welt erblickt haben. Das beginnt schon mit Arnolfo di Cambio, dem ersten Baumeister von Santa Maria del Fiore. Arnolfo di Cambio kam aus der Gegend von Siena. Leonardo kommt aus einem Dorf in den Monti Albani im Nordwesten von Florenz, das sich Vinci nennt. Michelangelo, auf dessen künstlerische Universalität man sich in Florenz sehr viel zugute hält, stammt aus dem winzigen Flecken Caprese an den Abhängen des Monte il Castello im gebirgigen Dreiländereck Umbrien–Marken–Toskana. Im übrigen wäre es völlig irreführend, behaupten zu wollen, daß Michelangelo, der allerdings durch die Medici eine beispielhafte Förderung erleben durfte, in Florenz stets nur seinem Genie entsprechend behandelt worden wäre; und auch viele andere der bedeutenderen Künstler, deren Werk diese Stadt, angelockt von den Möglichkeiten, die hier von kunstsinnigen oder auch bloß machtbewußten Mäzenen geboten wurden, von Mäzenen notabene, deren Wurzeln gleichfalls nicht immer in der Stadt am Arno beheimatet waren.

Auch was jenes hübsche, von vielen Nachfolgern etwas leichtfertig übernommene Wort Hippolyte Taines angeht, daß Florenz vom Schatten des Mittelalters lediglich gestreift worden wäre, so bedarf es doch einer vorsichtigen Richtigstellung. Man lese nur einmal bei Eckart Peterich nach, was dieser vor rund drei Jahrzehnten einmal zu diesem Thema zu sagen wußte und was heute noch nichts von seiner Bedeutung eingebüßt hat: „Da wir in Florenz vor allem das große Neue, die Renaissance, suchen, übersehen und vergessen wir leicht das Mittelalterliche, das auch hier war, zum Teil noch da ist: dies harte, unheimliche Sich-Zusammendrängen von Kirchen, burgartigen Palästen, hohen und schmalen Mietshäusern innerhalb eines Mauerrings. Nicht weniger als hundertfünfzig Türme haben einst das braunrote Häusermeer der Stadt überragt. Sie waren vielfach durch Zugbrücken über die Straßen hinweg miteinander verbunden . . .“ Man braucht sich nur im Zentrum der Altstadt etwas genauer umzusehen, um ohne jede Schwierigkeit – und ohne jede übertriebene Anleihe an die Phantasie – den Charakter dieser mittelalterlichen Stadt nachvollziehen zu können. Manche der Türme stehen noch, auch wenn sie heute vielfach maskiert und total verfremdet wirken. Den meisten Palästen sieht man ihre ursprüngliche Funktion als starkbefestigte, burgähnliche Faktorei unschwer an; man betrieb seine Geschäfte und vermehrte sein Vermögen stets nur im Schutze starker Mauern und sorgfältig konstruierter Befestigungsanlagen. Und es dauerte Generationen, bis der Reichtum und der luxuriöse Prunk, der sich allmählich innerhalb dieser Mauern angesammelt hatte, auch nach außen drang, daß er bewußt eingesetzt wurde als eine Art stilbildender Methode zum Zwecke der Propaganda.

Alle diese Umstände vergißt man oder übersieht man leichten Herzens, wenn Bilder, Perspektiven, Monumente auf einen unentwegt einstürmen, bis man andachtsvoll erschöpft vor soviel Großartigem und Weltberühmtem Florenz nur noch unter dem einen Aspekt zu begreifen imstande ist: daß es nämlich in der Tat nichts anderes als ein Prunkbuch der Geschichte sei. Vielleicht braucht es wirklich des einen oder anderen nachdenklichen, aufmerksamen Ausflugs in die nähere Umgebung, in die südländisch akzentuierte und dennoch herbe, strenge Hügellandschaft im näheren Weichbild der Stadt, um diese ebenso verwirrende wie irreführende Perspektive wieder in Ordnung zu bringen.

Denn Florenz war stets auch – und ist es heute noch – eine Stadt der Bauern und Getreidehändler, der Vieh- und Weinhändler, der Marktfahrer und überhaupt dieses unverwechselbaren Personals, das im weitgehend intakten agrarischen Umfeld dieser Stadt beheimatet ist und ihr diesen anderen, rustikaleren, auch in den Farben kräftigeren und auf bekömmliche Weise derberen Grundton oder Grundakkord vermittelt, den die meisten Besucher nicht wahrhaben wollen oder können, weil sie nur dem Spektakulären der Kunst- und Kulturgeschichte begegnen. Aber dieses Prunkbuch der Geschichte hat einen erdfarbenen Umschlag. Oder anders gesagt: Die lebenserhaltenden Wurzeln dieser Kunststadt reichen bis tief in die Weinkeller und Scheunen in den hügelumstandenen Tälern der Toskana hinein.

Aber auch hier gibt es Gegensätze. „Die Hügel um Florenz haben einen kürzeren Atem, wie aus lauter Vornehmheit", schreibt Ranuccio Bianchi-Bandinelli. „Sie bilden nicht Täler,

Blick von San Miniato al Monte, rechts Santa Maria del Fiore, links der Palazzo Vecchio

nur tiefe Mulden; kaum erreicht eine dieser Mulden eine gewisse Tiefe, steigt eine andere ohne Absatz wellenartig wieder empor.“ Hier findet man auch diese alten, teilweise schon im Verfall begriffenen oder diesen nach außen vortäuschenden Land- und Schloßvillen, in deren Innerem noch die Lebensart einer untergegangenen Zeit dokumentiert wird. Jene Villa etwa, deren korrekter Name Villa di Poggio a Caiano eher unbekannt ist, weil der Volksmund diese prachtvolle Dekoration mit dem Namen jener Frau bezeichnet, die einst darin lebte . . . jene Villa wäre also als schönes Beispiel dafür zu nennen, wie sich der Lebensstil vergangener Jahrhunderte und die Landschaft aufeinander abgestimmt haben und nun eine Einheit bilden, die einen starken Kontrapunkt setzt zur rustikalen und bäuerlichen Welt der Toskana rund um Florenz.

Villa di Poggio a Caiano: einst ein Kastell der Herren von Pistoja, dann im Eigentum der Florentiner Bankiersfamilie Strozzi, bis schließlich die Medici sich dieses schloßähnlichen Landhauses bemächtigten und es von einem der bedeutendsten Festungsingenieure seiner Zeit, Giuliano da Sangallo, völlig umbauen ließen. Berühmt oder eher berüchtigt aber wurde dieser ländliche Palazzo durch jene Venezianerin namens Bianca Cappello, die am Beginn ihrer abenteuerlichen Karriere nichts anderes gewesen war als ein einfaches Patriziermädchen, dann von ihrem florentinischen Liebhaber in einer heubedeckten Gondel aus Venedig hinausgeschmuggelt wurde, in Florenz dem damals regierenden Großherzog Francesco I. auffiel, seine Geliebte wurde, was diesen zur Bezahlung eines fürstlichen Abstandsgeldes an den ersten Liebhaber nötigte, und schließlich sogar – nachdem Bianca nach und nach den großherzoglichen Hof zu beherrschen imstande war – seine legitime Ehefrau wurde. Das wiederum bedeutete, daß sie auch politischen Ehrgeiz zu empfinden begann. Angeblich vergiftete sie eines Tages versehentlich ihren Mann, den Großherzog – die tödliche Dosis hatte dessen Bruder gegolten –; und angeblich folgte sie ihm mit einem ironischen Lächeln auf den Lippen in den Tod . . .

Solchen Geschichten, in denen das Lasterhafte mit dem

Heroischen eine merkwürdige Verbindung eingegangen ist, kann man rund um Florenz immer wieder nachspüren. Wir sollten nicht vergessen, daß Boccaccio unweit von Florenz zur Welt gekommen ist. Oder daß Petrarca Florentiner war. Oder daß Benvenuto Cellini, nicht nur einer der begabtesten Künstler seiner Zeit, sondern auch einer der größten Aufschneider oder phantasievollsten Geschichtenerzähler, sich ein ereignisreiches Leben lang mit Florenz verbunden fühlen sollte. Das phantasiebegabte Genie eines Dante braucht man in einem solchen Zusammenhang gar nicht erst gesondert in Erinnerung zu rufen. Machiavelli, der geniale Politiker, fand es nicht unter seiner Würde, eine der zotenreichsten und derbsten Possen der italienischen Literatur zu schreiben. Und wer heute noch Gelegenheit und Zeit findet, sein Ohr gleichsam an den Volksmund zu halten, wird im beißenden Spott der Florentiner und in der ungeschminkten, offenherzigen Sprache der Landbewohner manche überraschende Entsprechung entdecken können zu jenen düsteren oder auch bloß tragikomischen Vorkommnissen, die den Charakter der Florentiner auf ungemein drastische Weise angereichert haben.

Einmal verschlug es mich für ein Wochenende auf eine zu einem Hotel umgebaute Schloßvilla in Bagno a Ripoli, etwa sieben, acht Kilometer außerhalb von Florenz, wo man zwar für einen so gut wie nicht existierenden Service unverschämte Preise forderte, dafür aber neben einem etwas verstaubt anmutenden altmodischen Interieur und einer ausgezeichneten Küche auch einige dieser Figuren und Charaktere aufbot, wie man sie aus Boccaccios Fabeln noch in Erinnerung zu haben glaubte. Es war eine seltsam abstruse Welt. Unterhalb der Schloßvilla wälzte ein dunkelgrüner bis asphaltgrauer Arno sein hoffnungslos verschmutztes Wasser nach Florenz hinein. Am gegenüberliegenden Ufer rollten die Expreßzüge lärmend und pfeifend gegen Süden, Rom entgegen. In den Bäumen des Schloßparks rauschte der Wind. Und im Restaurant, das in den ehemaligen Stallungen eingerichtet war, dinierten dickbäuchige Grundbesitzer, Advokaten und Grundstücksspekulanten mit kunstvoll bemalten und möglicherweise auch wunderhübschen und charmanten Damen, an denen manchmal nur das schrille Lachen und die eine oder andere winzige Obszönität, die eine oder andere kuriose sprachliche und mimische Entgleisung störten. Im Hintergrund dezente Tafelmusik; wahrscheinlich Vivaldi. Und eine ältliche Amerikanerin, die den Tag in den Uffizien zugebracht hatte, blickte ein wenig verstört auf diese abendliche Gesellschaft, die so gar nicht dem entsprach, was man sich als Personal eines kostbaren Prunkbuches der Geschichte vorstellen mag.

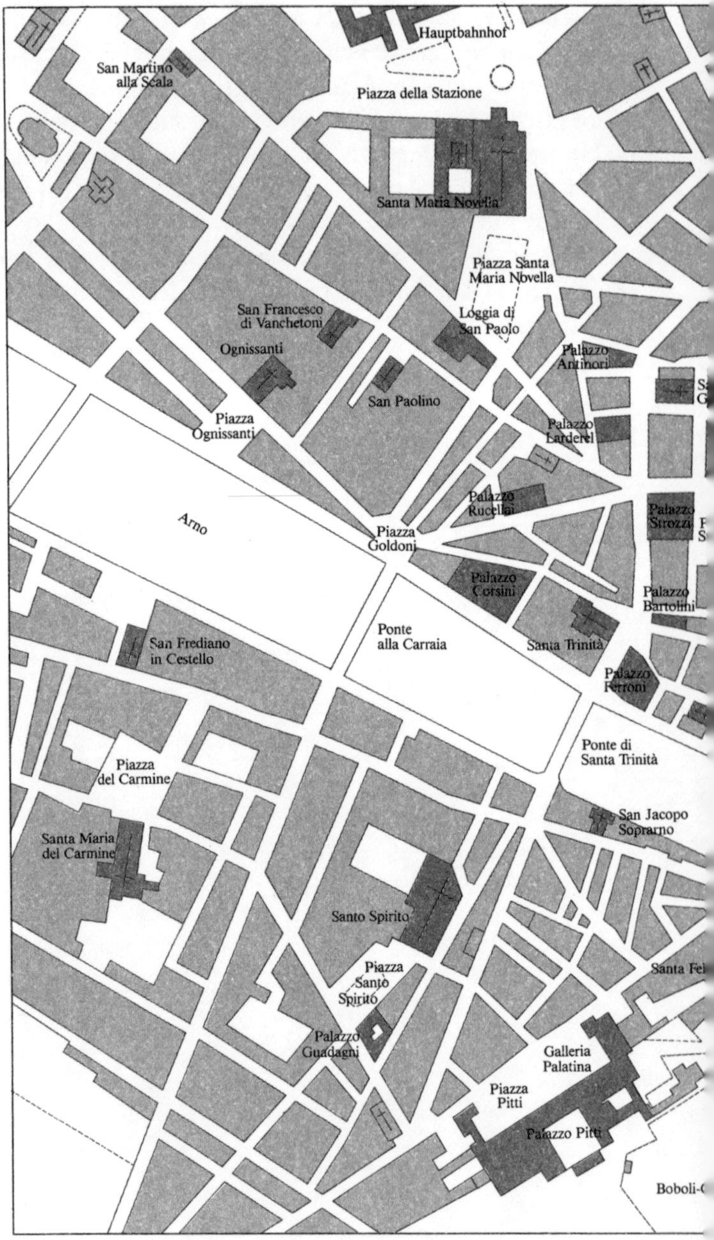
Hauptbahnhof
San Martino alla Scala
Piazza della Stazione
Santa Maria Novella
Piazza Santa Maria Novella
San Francesco di Vanchetoni
Loggia di San Paolo
Ognissanti
Palazzo Antinori
San Paolino
Piazza Ognissanti
Palazzo Larderel
Palazzo Rucellai
Palazzo Strozzi
Arno
Piazza Goldoni
Palazzo Corsini
Palazzo Bartolini
Ponte alla Carraia
San Frediano in Cestello
Santa Trinità
Palazzo Ferroni
Ponte di Santa Trinità
Piazza del Carmine
San Jacopo Soprarno
Santa Maria del Carmine
Santo Spirito
Piazza Santo Spirito
Palazzo Guadagni
Galleria Palatina
Piazza Pitti
Palazzo Pitti

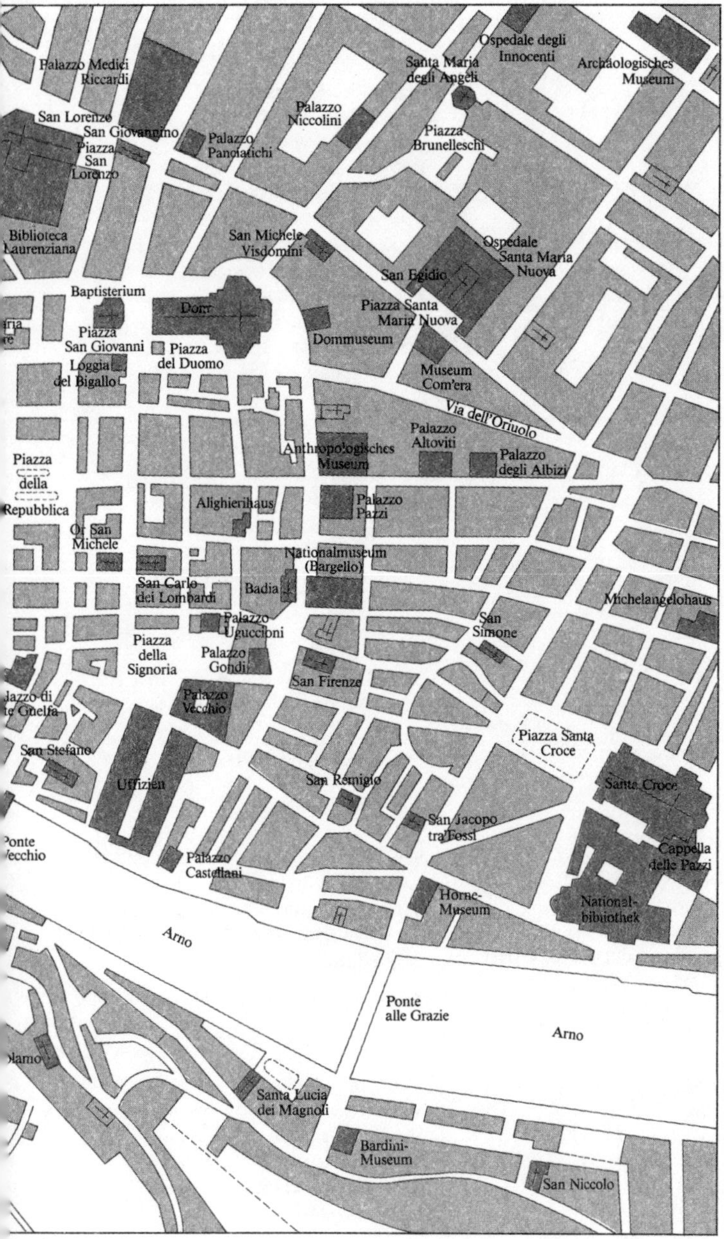
Palazzo Medici Riccardi
San Lorenzo
San Giovannino
Piazza San Lorenzo
Palazzo Panciatichi
Palazzo Niccolini
Santa Maria degli Angeli
Ospedale degli Innocenti
Archäologisches Museum
Piazza Brunelleschi
Biblioteca Laurenziana
San Michele Visdomini
Ospedale Santa Maria Nuova
San Egidio
Baptisterium
Dom
Piazza Santa Maria Nuova
Piazza San Giovanni
Piazza del Duomo
Dommuseum
Loggia del Bigallo
Museum Com'era
Via dell'Oriuolo
Palazzo Altoviti
Piazza della Repubblica
Anthropologisches Museum
Palazzo degli Albizi
Alighierihaus
Palazzo Pazzi
Or San Michele
Nationalmuseum (Bargello)
San Carlo dei Lombardi
Badia
Michelangelohaus
Palazzo Uguccioni
San Simone
Piazza della Signoria
Palazzo Gondi
San Firenze
Palazzo Vecchio
Piazza Santa Croce
San Stefano
Santa Croce
Uffizien
San Remigio
San Jacopo tra'Fossi
Cappella delle Pazzi
Ponte Vecchio
Palazzo Castellani
Horne-Museum
National-bibliothek
Arno
Ponte alle Grazie
Arno
Santa Lucia dei Magnoli
Bardini-Museum
San Niccolo

Orts- und Sachwortregister

Namensregister